名师名校名校长

凝聚名师共识
回应名师关怀
打造名师品牌
培育名师群体

成长关键期观察

谢立清　骆亚军 ◎ 著

西南大学出版社
国家一级出版社　全国百佳图书出版单位

图书在版编目（CIP）数据

成长关键期观察 / 谢立清，骆亚军著. -- 重庆：西南大学出版社，2024.10. -- ISBN 978-7-5697-2760-9

Ⅰ．G622.0

中国国家版本馆CIP数据核字第2024QN8763号

成长关键期观察
CHENGZHANG GUANJIANQI GUANCHA

谢立清　骆亚军　著

责任编辑：李虹利
责任校对：向集遂
装帧设计：言之凿
出版发行：西南大学出版社（原西南师范大学出版社）
　　　　　地　址：重庆市北碚区天生路2号
　　　　　邮编：400715
印　　刷：北京政采印刷服务有限公司
成品尺寸：170mm×240mm
印　　张：14.25
字　　数：185千字
版　　次：2024年10月　第1版
印　　次：2024年10月　第1次印刷
书　　号：ISBN 978-7-5697-2760-9
定　　价：58.00元

序 言

> 教育不是要填满篮子,而是要点燃心中的火焰。
>
> ——约翰·亨利·纽曼

在教育的道路上,我们如同点燃火焰的引路人,激发学生内心的求知渴望和探索精神。《成长关键期观察》是我们与孩子们共同走过的一段旅程,记录了他们的成长故事和我们的教育探索。

在本书的上篇,我们通过一系列富有洞察力的教育活动,如"给'新鲜老师'下马威"和"同学分享'新鲜'事",引导学生以新鲜的眼光看待世界,激发他们的好奇心和创造力。这些活动不仅锻炼了学生的社交技能和自我表达能力,更是他们观察力和创造力的熔炉。

爱默生说:"教育的最大秘密在于尊重学生。"在本书下篇对"三年级现象"的分析中,我们见证了学生认知、情感和社会交往能力的关键转变。我们发现,通过具体运算阶段的观察,孩子们学会了如何用逻辑和理性来表达自己的感受与观点。书中同样强调了情感教育的核心地位,揭示了教师通过"情感理解"观察,如何引导学生建立积极的自我认知和社会交往能力。

教育不能改变生活环境,却能改变人的思维方式。我深知教育的影响力远超知识传授,它关乎灵魂的塑造和未来的启迪。本书旨在提供一个多维度的视角,让教育者能够更深刻地理解学生的成长需求,更精准地实施教学策略,更有效地促进学生的全面发展。

教育，既是学生成长的摇篮，也是教师自我提升的舞台。在深入剖析"三年级现象"的过程中，我们采取了一种双轨观察法：一方面，关注学生的发展；另一方面，审视并促进教师的专业成长。正如约翰·杜威所言，经验是学习之母，而我们的行为塑造了我们的本质。在东平小学，我们推崇教师通过撰写随笔、反思和读书心得来记录与反思教育实践，这些记录不仅是个人成长的足迹，更是集体智慧的体现。

通过蒲公英教师研修书院，我们定期举办交流会和研讨会，为教师提供思想碰撞和经验共享的平台。我们坚信，教师的专业成长是一个全面且系统的过程，它依赖于个人的反思，也依赖于团队的协作与支持。为此，我们设计了一系列系统化的培训和发展计划，旨在促进教师的长期发展和持续进步。在这一过程中，教师的个人记录，如田野笔记，虽然仅是众多工具之一，却发挥着至关重要的作用。它们不仅促进了教师之间的沟通和协作，还帮助教师捕捉教学实践中的细微之处，从而实现教学实践的深入理解和不断改进。

在本书的下篇中，我们特别强调了教师专业成长的多维路径和策略。我们认为，教师的专业成长是一个持续的、动态的过程，需要教师不断地学习、反思和创新。我们鼓励教师通过广泛的阅读、深入的研究、紧密的合作和积极的实践，不断提升自己的专业素养和教学能力。通过这些努力，我们期望能够帮助教师实现自我超越，成为教育领域的引领者。

最后，我希望《成长关键期观察》能够成为教育同仁共同探索教育实践、促进专业成长的重要资源。让我们携手，为孩子们的未来播种希望，为教育事业的发展贡献力量。

谢立清
2024年2月于东平小学

目 录

上篇 关键期田野观察

给"新鲜"老师下马威　　2

同学分享"新鲜"事　　6

"新鲜"表达有招式　　10

暴雨停课真"新鲜"　　17

从机械走向灵动的拟人　　23

让教室里的东西会动、会说话　　28

从苏轼那儿流淌到校园的秋意　　34

"我手写我见"的上学路　　41

千姿百态的"双节"　　48

"消失"的契机　　55

两个三（4）班的生日会　　62

轻重难分的"失而复得"　　71

PK感受真特别　　78

三观香蕉园　　87

《富饶的西沙群岛》段落仿写　　95

围绕"一个意思"写的关键　　101

好看不好写的运动会开幕式 111
情动辞发的实习生欢送会 117
描写比赛的痛点 124
监测试卷下发后的认知关注 131

下篇 成长观察的观察

三年级现象：成长的关键期 142
田野笔记的教育价值 150
教育实践中的观察与记录策略 157
田野笔记与学生自我认知提升 167
田野笔记在教学中的应用 176
田野笔记与同伴互动关系发展 186
田野笔记与情感教育的融合实践 196
田野笔记在质性研究中的运用与创新 207

后 记 220

上篇
关键期田野观察

给"新鲜"老师下马威

从教二十年，从来没有教过三年级。可没想到2023学年居然因工作调整，需要任教三年级，真是"大姑娘坐花轿——头一遭"啊。长期教高年级的我，不禁有点忐忑，又有点自信，带过多届毕业班，还怕搞不定三年级4班的小宝宝？

一、设计"新鲜"

拿到教材，先从前看到后，再详读一、二单元，我找到了一个串联的抓手——写随笔（起步作文）。怎样开始呢？抓住第一单元的关键要素"新鲜"！对孩子们来说，我是个"新鲜"的老师；对学习来说，我有"新鲜"的教法。更有意思的是，开学当天，我的来自岭南师范学院的实习生周老师也到了。开学第一课，就"新鲜"开炉！

二、引导"新鲜"

9月1日，开学第一天，班级搞完了开学礼后，我带着实习生来到了教室。

"同学们，认识我吗？"

此起彼伏的"骆主任"，说明我在学生中知名度还比较高。有几个稍迟钝的孩子，在其他学生的提醒下也认识我了。

"非常高兴大家能够认识我，不过其他班孩子也认识我，这个不算新鲜。新鲜的是我将教大家的语文。其他班有没有骆主任教语文？"

"没有！"

"对了！这就是新鲜的事儿。我们班更新鲜的是，这学期竟然有两位老师教大家！"

"啊——"

学生或惊叹或怀疑的呼声，说明我这个设计的精巧。我适时地推出周老师，让她给大家做自我介绍。在我的追问下，终于找到了周老师的新鲜点——"不挑食"和"不会玩游戏"。

然后我问："如果告诉你爸爸妈妈周老师是什么样的，只用漂亮、温柔可以吗？"

"可以！""不可以！"

答案自然是有分歧的。我引导学生学会抓住周老师的新鲜点（特点）来介绍，这样就能把周老师和其他老师区别开来。

看到孩子们纯真的眸光，我提出了"伟大的计划"——和孩子们一起写一本书。这个计划一经抛出，就引发了无数议论。我将自己的成功经历告诉孩子们——一届学生一本书，激发了他们十足的兴趣。而后，提出让所有同学和我一起来写这本属于大家的书。课堂现场非常热烈，我自然而然地提出了要求——写随笔，内容就是写"新鲜的语文老师"。因为之前交接班的时候，了解到他们写过随笔，所以这个提议就不会有反对的声音了。

没有想到，下午台风"苏拉"来袭，顺德将升挂黄色台风预警信号。学校从下午2：30到3：30，都在组织学生放学。我因为要组织全校放学，就没来得及到班，也就没有将早上上课所讲的随笔要求写在黑板上。

三、"新鲜"棒喝

交上来的随笔，有的同学写得非常好，但大部分同学都离题了，统计结果如下：

全班	45人	百分率
未交	10人	22.22%
符合	6人	13.33%
偏题	4人	8.89%
离题	25人	55.56%

这个班在一、二年级时成绩都不错，二年级下期末语文成绩在年级名列前茅，但为什么会出现这种结果呢？我想可以做如下分析。

首先，三年级是习作的起步阶段，学生们将从二年级的"看图写话"逐步向写"一段""一篇"文章过渡。在二年级时，学生们是根据图片的内容进行写话描述的，这更多的是依靠视觉，学生们也习惯了通过看文字和图片去获得信息。而这一次的随笔，则是老师通过说话为学生创设了一个"新鲜"的情境，通过言语向学生表达了要求，这就需要依靠学生的听觉来把握写作要求。

其次，今天是开学的第一天，许多孩子还没有回到学习的氛围当中，加之对新学期的兴奋与紧张，就导致孩子们上课时注意力不够集中，对老师讲话过程中的关注点也容易偏离。因此，在老师创设的情境中渗透着随笔要求时，有的学生可能是没意识到老师在讲随笔的要求，有的学生可能是注意力不集中导致没有听到要求，这就导致了班里大部分学生都有离题的情况。尽管大部分学生离题，但我发现学生还是能够围绕自己的生活来写，没有抄袭的现象。

最后，特殊的天气带来的沟通不畅也是重要原因。9月1日下午，我没有及时到班给学生强调作业内容，导致少数学生没有完成作业。从二年级升到三年级，随着学习内容的增加，学习的要求也在变化。学生刚入学，当然没有适应这种变化。

一次随笔，给了我一个观察全班学生学习情况、作业情况的窗口，也给我开启了三年级起步作文的好台阶。

同学分享"新鲜"事

台风过去了，新的一周开始了。

一、课堂分享真有趣

"我要表扬班里的大部分同学都记得要写随笔，而且有的同学随笔的字数有300多字，真厉害！"我点赞学生们。

"但是我们班还是有一部分同学没有交随笔，老师是知道的。"

学生们一下就紧张起来了。

不过我话锋一转，说："这次我不批评你们，我们只记录一下，写在我们的书中。"

学生感到惊讶，全都欢呼起来，七嘴八舌地议论着。因上周作业安排不细致，所以小结适可而止。随后，围绕"新鲜"开始今天的课堂。第一单元的口语交际内容是分享暑假生活，于是，我借着第一节课新老师的话题引入学生分享暑假新鲜事。这个单元教学的改动，并非创新之举，在教学参考用书以及一些名师教案中也有类似设计。我将其优化，先让学生在小组内交流。

小组讨论完后，老师开始向学生们逐字解释"新鲜"的意思。

"'新'的反义词是什么啊？"

学生们异口同声地回答道:"是'旧'。"

"那我们要分享的就应该是以前没经历过的事情。看到这个'鲜'字,同学们能想到什么呢?"

学生们一时间想不出来,老师就以"吃鱼"为例子,说:"我们一般吃的鱼味道是不是很鲜美啊?那什么样的鱼才好吃呢?是不是要刚钓起来、活蹦乱跳的鱼啊?所以,我们分享的事应该就是最近发生的,让你印象深刻的,自己有新体验、新感受的事物。"

接着我让小组派代表上台发言,同学分享的事情都很"新鲜"。比如,有学生暑假去到了玉龙雪山,可是没有在雪山上看到雪;有学生买彩票中了10万元,这是很多人都没有过的体验;有学生在家里花钱学游泳没学会,却在酒店自己学会了游泳;还有学生去玩了沙子,这并不新鲜,但这位同学却用沙子堆出了一间房子,房子里还有家具,这就让人感到新鲜了。

学生分享的声音有大有小,为了让更多人听清楚,抓住重点,我不断强调发言人的新鲜点,还有意拿自己的经历打趣——让学生听了更明白新鲜在哪里。为了让学生记住中奖10万元这件新鲜事,我拿自己买的若干彩票只中奖5元做比较。学生听到我中大奖是"5元"后,哈哈大笑。

在课堂上,每个同学都在认真听台上同学的分享,在听到自己知道的事情,如东平河畔新的水上乐园、去云南广西旅游等时,会积极回应。有参与的听课,会提升听课效率。

当所有学生分享完毕后,我就布置了一篇随笔,要求记录在课堂上听到的印象最深刻的新鲜事。当天下午,周老师也及时地将作业登记了上去。

二、课后随笔进步大

第二天，随笔收上来，发现情况比上一次进步了很多。数据统计如下：

全班	45人	百分率
未交	5人	11.11%
符合	24人	53.33%
偏题	4人	8.89%
离题	12人	26.67%

我们发现大部分同学的随笔字数都在100字以上，有的还自觉地将以前积累的好词运用在随笔中，还有许多学生能在记录同学新鲜事件的同时，表达自己的感受与想法，这是一个很好的现象。对中奖同学的羡慕，对沙雕的期待，对游玩的共情，让这篇随笔更"动心""动情"。

至于未交的几个学生，除特殊学生外，其他几个都忘记带了。看来，对学生整理物品的教育依然要坚持。

这一次的随笔我们能肉眼可见地看到学生的进步。我想原因有以下几点。

首先，课堂分享效果好。课堂永远是学习的主阵地。符合要求的学生超过一半，说明这一半多的学生能够跟上老师的节奏，小组代表分享的效果较为理想。离题、偏题学生依然有16人，说明他们听课了，但不能很好地按照命题要求来写作文，这将是接下来上课要抓的重点。

二年级升三年级起步作文的难点，就在于学生不能很快地"转型"，超过30%的学生不能适应或不能完全适应转型。转型的背后，既有学习习惯的培养，也有学习方式的转变。中高年级的听觉学习需要重视起来，否则会严重影响全班整体的学习效果。

其次，作业要求的明确。这一次的随笔作业是写在黑板上的，老师在放学前也到班里再次强调了随笔要求，还在班级群里做了说明。同学们通过作业的记录、老师的强调和家长的提醒，大都能够及时完成，写出来的随笔也基本符合题目要求。从课堂到作业再到评价，教学评的一致性让学习效果显著提升。

最后，教师课堂的点拨到位。同学们在讲台上分享新鲜事的时候，老师会在这一过程中挖掘出事件的"新鲜"点，并引导同学们自己思考到底新鲜在哪？这样同学们对分享的这些事情也就印象深刻了。三年级学生的有意注意时间还不够长，还不能完全学会把握住重点、难点。我的点拨，就是在反复强调，加深印象，提高有意注意效果。

从新鲜的老师出发，再到同学们分享新鲜事，前期铺垫基本完成。下一步，就是进入课文中新鲜的语句。期待学生们能够看见新鲜语句，运用其方法写出校园景点的新鲜来。

"新鲜"表达有招式

从见到"新鲜"老师到暑假新鲜事分享,"新鲜"已种植在学生心田。但表达"新鲜",则需要从课文中汲取营养,才能学以致用。

《大青树下的小学》的作者用朴素又诗意的文字描写了边疆多民族小学丰富多彩的校园生活,这些生活与祖国南方的佛山校园生活迥异。对孩子们来说,阅读这篇文章,就是在接受新鲜感的冲击。如少数民族的名字,"坪坝""绒球花"等陌生的事物,"摔跤""跳孔雀舞"等特别的活动,如重复句式:"从……从……从……""向……向……向……""……不……不……",如拟人手法"这些山林里的朋友,是那样好奇地听着""连松鼠也赶来看热闹"。课堂教学时,要让学生关注这些有新鲜感的词句,还要引导学生关注自身在校园中的体验。

一、圈画想象品"新鲜"

早读课,我带着学生读,用男女生比赛读、快慢读、背诵法来让学生快速地熟悉课文。

在复习完生字词后,就带领学生深入课文,去看看"大青树下的小学"。首先我展示了一页全是词语的PPT。

看见这些词的时候,有些同学发出疑问:"老师,坪坝长什么样子？孔雀舞我也没见过。"这些词语对于同学们来说都很新鲜。想象孔雀在跳舞，让课堂多了一些笑声与羡慕声。紧接着就让学生分类找"新鲜"的民族、事物、活动，先圈画再汇报。

"摔跤""孔雀舞"都是活动，"凤尾竹""坪坝"都是事物，"绚丽多彩""德昂族"等都是新鲜词语，找到这些很容易。随即，我再相继让学生由边疆学校联系到自身学校。"123木头人""下象棋""轮胎乐园""百果园"等校园的新鲜点就涌现了出来，这些可以为仿写做准备。

此后，我又让同学们分享课文中新鲜的句子。

有的同学找到了"那鲜艳的服装，把学校打扮得绚丽多彩"这一句，他说"绚丽多彩"很美。我随即让同学们分享形容颜色丰富的四字词。同学们一下就说出了"五光十色、五彩缤纷、五颜六色"等词语，想必这是以前积累下来的。

有的同学分享了"凤尾竹的影子，在洁白的墙上摇晃……"我引导学生："这些都是大青树下的小学特有的景物，那同学们想一想我们东平小学有没有具有特色的景物呢？"同学们纷纷讨论起来，有说杧果树的，有说爬山虎的，最后，同学们在老师的引导下，说出了东平小学具有特色的句子"杧果树的影子，在布满爬山虎的墙上摇晃……"

还有的同学认为"同学们向在校园里欢唱的小鸟打招呼，向敬爱的老师问好，向高高飘扬的国旗敬礼。""树枝不摇了，鸟儿不叫了，蝴蝶停在花朵上，好像都在听同学们读课文。"这些句子很新鲜，因为他们用了拟人、排比的手法。尽管拟人、排比这些修辞手法对学生不做过高要求，但学生能够说出来，就说明学生已经有了基础，我就不用再绕弯子解释。我补充道："拟人还不是最主要的，其中树枝、鸟儿、蝴蝶都在听谁的课呀？"

同学们异口同声地说道："在听同学们读课文。"

"对的。这一句话实际上是在用小动物的反应来衬托出同学们读书声的优美。同学们是不是也可以用这些手法来写我们自己啊？看看认真读书的大家，是不是就可以写'窗帘不摇了'来衬托我们的读书声很好听啊？"随后，同学们找到了窗外的树枝、花草、游戏的风儿等。

二、学以致用

到了第二节语文课，我布置了一项任务，让同学们在课后习题（学校场景）中选择1~3个场景，写一段话，并运用课上学到的反复、衬托、拟人手法，使用四字词语。为让学生有目的地写，我先要求学生打钩选择地点，然后再思考仿写。

同学们马上拿出随笔本，埋头写了起来，遇到不会的字也会上台去问老师。整个班都十分安静，时间到了，大部分同学都已经完成了。我收上来之后马上就进行了批改，发现班里的同学都写得不错，还有几位同学写得非常棒，就算是少数离题的同学，也尝试运用了课堂上学到的知识。

具体数据统计结果如下：

全班	45人	百分率	完成情况	人数	选择	人数	字数	人数
未交	3人（请假）	6.67%	拟人	18人	一个地点	16人	超过100字	30人
符合	37人	82.22%	反复	34人	两个地点	20人	超过200字	11人
偏题	3人	6.67%	四字词语	27人	三个地点	4人	超过300字	1人
离题	2人	4.44%						

在当堂写作中，时间有限，但全班所有同学都能写到100字以上，

并且大部分同学都能按时完成。据统计，选择两个地点来写作的人最多，原因是写两个地方的活动，能写得丰富一点，而且也能在规定时间内完成。在本次的随笔中，选择"教室里""操场上"的人数比较多，我想是因为同学们对在教室里上课、朗读，在操场上运动、玩耍这些场景、活动都很熟悉，所以写着也得心应手；也有不少同学选择了"花坛边"，我想是因为老师在课堂上向同学们讲了花坛边的棋盘也是一个特色，同学们放学时可以在花坛边下棋、写作业。由此看出，老师课堂的引导对学生的影响是多么的大。

在新鲜的表达上，学生"仿"的效果还是比较理想的。比如，写在操场上运动，"有的在踢足球，有的在跑步，还有的在打篮球"就是对课文"有……有……有……"的模仿；又如写在教室里上课，"窗外十分安静，平时叽叽喳喳的鸟儿都不叫了，平时随风摇摆的树也不摇了，窗帘也不舞了，好像都在听我们读书"，是对文中拟人"……不……不……"的运用。随笔中四字词语的使用，除了老师课堂上讲过的"五颜六色""绚丽多彩"等词外，也有一些同学使用到了"万里无云""人山人海""口干舌燥"等词语。

【田野观察驿站】

（一）

我的学校

三（4）班　芯怡

早晨，我洗好脸，吃好早饭，就去上学了。我来到教室，同学们在认真早读，读了一节课，下课了，同学们在操场上，有的在跑步，有的在跳高，还有的在跳绳。上课了，鸟儿不叫了，树枝不动了，老师准备上课，大家都坐好了。下课了，我们跑到了操场的那棵大树下聊天，有同学跑回教室拿了一本书，他们看完书，回到操场，操场的大树像一个大巨人，正在看着我们。上课了我们回到教室，窗外飞来了四只小鸟，像是听着我们上课呢。放学了，同学们在花坛边，有的在跳竹子，有的在跳舞，还有的在看五光十色的花朵，这就是我们美丽的小学。我们向老师再见，向小学再见，向蓝蓝的天空再见，向风儿再见。

田野小记：这位同学用了"有的在跑步，有的在跳高，还有的在跳绳"这样的反复句式，让人读起来朗朗上口，富有节奏感。在描写操场的大树时，这位同学将大树比作一个大巨人，十分生动有趣，这就是孩子们眼里的世界。

（二）

我的学校

三（4）班　梓赫

教室里，我们认真并大声读书，大树一动不动，小鸟也不叫了，似乎在听我们读书。下课了，同学们有的玩游戏，有的看书，有的在写作业。大家各自做自己的事，兴高采烈，十分开心。

操场上，同学们有的踢球，有的打篮球，还有的跳绳，热得满头大汗。绿油油的草坪上，同学们就在这踢球，玩老鹰捉小鸡的游戏。高高的篮球架，同学们在这打篮球。你听，大树在唱歌，小鸟也在唱歌，风"哗哗"作响，这不就是大自然的演唱会吗？当然，小草也会唱歌，风一来，这不就是伴奏吗？

田野小记："你听，大树在唱歌，小鸟也在唱歌，风'哗哗'作响，这不就是大自然的演唱会吗？当然，小草也会唱歌，风一来，这不就是伴奏吗？"看到这一句，不禁赞叹"好美的景色啊"。这位同学不仅运用了拟人和反问的修辞手法来结尾,还调动起了听觉,运用"哗哗"这一拟声词,让人身临其境,十分新鲜。

（三）

教室里面

三（4）班　泳珺

　　学校的地方有很多。我今天就分享我们学校的一处地方,就是我们的教室。

　　从家里通往学校的路上,从学校到教室,我们一天都在教室生活着。今天,骆老师又来我们班上课了,那时,我们都很认真读书。我们读书时,窗外十分安静,平时"叽叽喳喳"的小鸟都不叫了,平时随风摆动的树也不摇了,窗帘也不舞了,好像都在听我们读书。

　　下课了,教室也变得热闹起来,像吵吵闹闹的菜市场!同学们在教学楼追打。

　　放学了,鲜花绽放,同学们四处游玩。月光下木瓜的影子,在布满爬山虎的墙上摇晃……

　　田野小记：这位同学开门见山,点明这次分享的地点。后面"窗外十分安静,平时'叽叽喳喳'的小鸟都不叫了,平时随风摆动的树也不摇了,窗帘也不舞了,好像都在听我们读书""月光下木瓜的影子,在布满爬山虎的墙上摇晃……"这些句子是这位同学经过了自己的思考后对课文中优美句子的仿写,他写了自己熟悉的场景和事物,并加入了具有东平小学特色的木瓜树,使文章更加鲜活了。

三、结语

从学生的作品看出，学生的字词积累还不够丰富，识字量还不足，特别是用拼音代替汉字的现象还比较多，学生的书写也不够理想，这些将成为接下来训练的另一个重点。

暴雨停课真"新鲜"

9月8日02时13分,顺德区气象台将顺德区乐从镇暴雨橙色预警信号升级为红色预警信号,学校停课。预警信号升级时间在深夜,学校无法第一时间得知。直到早晨6点左右各学校才收到镇教办通知,而后学校迅速通知家长停课。本来,9月8日是学校庆祝教师节的日子,有不少活动安排,但一停课,所有的活动、安排全都没有了。真是"计划没有变化快"!好在对写随笔来说,暴雨停课的体验是非常好的素材。这正如叶圣陶所说:"生活犹如泉源,文章犹如溪流,泉源丰盈,溪流自然活泼得昼夜不息。"

停课不停学,停课不停写。写停课随笔,成为当天最好的作业。

一、数据说话明写情

周一,随笔收上来,看着满满当当的内容,心中特别雀跃。除生病学生和"经常性忘带作业"学生外,其他学生均交齐,比之前几次随笔上交情况有进步。对于未交随笔的学生,教师当天也和家长进行沟通,确保该练的要练、该带的要带。

随笔批改完后,我们对所有随笔进行统计,数据如下:

全班	45人	百分率	完成情况	人数	字数	人数
未交	2人	4.44%	比喻	6人	不足100字	3人
符合	43人	95.56%	拟声词	16人	超过100字	29人
偏题	0人	0	四字词语	16人	超过200字	10人
离题	0人	0			超过400字	1人

从数据中，能发现什么？

第一，学生能够围绕"停课"主题来写。对三年级学生来说，围绕主题、围绕一定目的来写，是有一定难度的。学生能够全部符合要求，围绕听课来写，真是出乎意料。由此可以看出，印象深刻的情境、体验独特的感受，能够有效地提高学生"围绕主题"写的能力。从第一篇随笔到"停课"这个随笔，可以看出学生围绕主题写的能力正在提高。随笔训练的效果还是比较明显的。

第二，绝大部分学生随笔字数超过100字，大部分学生处于100~200字。三年级上册习作要求学生留心周围事物，乐于表达，能不拘形式地写下见闻、感受和想象。这次随笔训练基本达到这个要求。有学生写早起发现不用上学，感到惊讶的；有学生写停课一天在家的活动，其过程真丰富；有学生因得知停课的消息感到开心，心里"乐滋滋"的；有学生在停课的那一天感到无聊，希望早点回学校和同学见面；还有的学生对暴雨天气感到担忧，希望坏天气早点过去。学生能够真实体现内心感受，毫不掩饰所思所想，达到了写随笔所要求的"真"。

第三，学生能够运用所积累的知识、方法进行写作。运用拟声词、四字词语的人数还比较多，也有少部分学生能够运用比喻、拟人等手法。第一单元新鲜的词句、方法，正慢慢渗透学生的心田。三年级，正是写作的起步阶段。从学生随笔可以清晰地看出积累与应用的重要性。只有让所学的东西"动"起来，才能够不断丰富学生的知识仓库。躺着的词句、方法——只记不用，是无法产生很好的效能。

【田野观察驿站】

（一）

下雨天

三（4）班　梓桦

今天早上我被大雨吵醒了，闹钟声也随之响起。然后我去洗漱，刚把衣服换好，妈妈就过来说："今天'海葵'台风，学校决定停课一天。"我听见止不住地兴奋起来，又回到床上大睡起来。

我得知很多地方被暴雨淹没了，在自然灾害面前大家要互相帮助、互相扶持。

台风啊！你快点走吧。

田野小记：这位同学在知道因台风停课一天时，心情是兴奋的，但在得知暴雨造成的危害后，表达了自己的担忧和人们在灾难面前要团结在一起的看法，最后发出感慨，希望台风快点走。等级为B，是因为字数较少，内容还不够充实。

（二）

大暴雨

三（4）班　厚璋

早晨起床，穿好校服，吃了早餐。准备上学时，突然我听到了"丁零、丁零"的电话声响起，我像风一般地跑去餐桌前拿起手机给妈妈接电话。

原来是我的班主任屈老师打来了电话，我很好奇，为什么屈老师要打来电话呢？我问妈妈屈老师和你说了什么？妈妈回答："学校通知今天红色暴雨预警，所以停课一天。"

听到这个令人振奋的消息，我一下子连蹦带跳地张大嘴巴"哇哇"地叫道："耶！"

今天又可以玩乐高啦，真开心！

田野小记：这位同学通过心理描写表达出自己的好奇，在得知停课一天的消息后，从"连蹦带跳""张大嘴巴"这些动词可以看出十分高兴。

（三）

停课

三（4）班　子杰

今天，我糊里糊涂地睁开了眼睛，又糊里糊涂地闭上了眼睛。当我睡醒后，心里似凉了半截。我大喊："我迟到啦！"没有人理我，妈妈说："今天全校停课一天。"嗯？我一脸问号。妈妈说："台风了呀。"

我听完就开始写作业了，一小时过后我就写完了，没有什么事做，这就是我无聊的一天。

田野小记：这位同学刚起床的时候是"糊里糊涂"的，睡醒之后，通过与妈妈的对话知道了停课的消息，但是不上课的一天对他来说有点无聊。

（四）
停课

三（4）班　颢霖

今天，"啪啪啪"！像天河决了口子似的，暴雨像泼、像倒，天疯狂地拍打着玻璃窗，仿佛在撞击着我的心。我拿着笔，望着外面的一片黑沉沉，心里如同一头困兽，烦躁不安。早上我刚起床时，"叮"的一声，爸爸手机传来信息声，他打开一看，告诉我今天不用上学，我开心得像个小宝宝，然后爸爸手机又叮了一声……

田野小记：这位同学用"啪啪啪"开头，让人一下就能体会到大雨的猛烈，又说暴雨拍打着窗户的声音就像在撞击着自己的心，能感觉到小作者内心的烦躁。而在得知停课时，又开心得像个小宝宝，这一心情的转变就很真实。

二、对比反思晓方向

随笔中，有的学生运用了"糊里糊涂""连蹦带跳""乌云密布"等四字词语，有的学生在描写雨声时，用了"沙沙""哗哗"等拟声词，还有的学生写暴雨"像瀑布挂在天上"，写滴答的雨声"像弹乐曲"。这些四字词语、修辞手法的运用都不是老师要求的，而是同学们写作时自然运用的，是学生对语言敏感的体现。这是好现象。但这部分同学在班里只占少数，为什么会这样呢？

我想有以下两个原因。

第一，大部分学生还未形成积累、应用与修改的好习惯。因此，在写作时只是用朴素的语言来表达，而不会用积累的语句描绘环境、叙述事件、抒发情感。但积累不是一朝一夕的事情，这将是接下来语文学习的一个重头戏。另外，从学生随笔看，学生根本没有修改的意识。也正因为这样，"学习修改有明显错误的词句"成为三年级习作训练的目标。

第二，写作来源于生活，又高于生活。文章并不是对生活的照搬，而是需要添加情感，并适当运用优美词句、新鲜表达方法才能使文章更加生动。有些习作只是对当天所做事情的罗列，整体可读性比较差。从课堂训练看，学生对于拟人、比喻手法还比较陌生，在日常交流与情境体验中，学生还仅仅处于简单的模仿中，难以用自己独特的感受写比喻句、拟人句。如何开发学生的想象力，提高比喻与拟人的形象性、生动性，将是接下来课堂教学的重点。

爱因斯坦说："兴趣是最好的老师。"现在学生们能够写，并且越写越好，这不正是写作兴趣培养的起点吗？

从机械走向灵动的拟人

《花的学校》选自泰戈尔的散文诗集《新月集》。全文以儿童的视角描写了花儿雨后狂欢,又扬起手臂奔向妈妈的画面。特别是花儿上学、罚站、放假的说法让三年级学生感觉特别亲切、有趣。文中新鲜的表达、新奇的想象,生动有趣,吸引着学生反复朗读。在课后作业中,有一道"雨一来,他们便放假了"的仿写题。

一、学单仿写太机械

照葫芦画瓢。《花的学校》学单,将语文书的仿写直接"搬"过来。我发现学单中对"雨一来,他们便放假了"的仿写不是很理想,同学们对于事物的拟人化描写都比较常见,读完并不感到新鲜。比如"清风一吹,小草便跳起了舞。""蝴蝶一来,花儿就在向他们打招呼""跳舞"?跳的是什么舞,广场舞还是其他什么舞?"花儿"又是什么颜色的?他们又是如何"打招呼"的?如果能在句子中再加点对事物细节的灵动描述,那么这句话就会更加生动有趣。

于是,课堂上我让同学们思考上面的问题,并使用拟人的修辞手法对"清风一吹,他们便……""蝴蝶一来,……""太阳一出,……"这些事物进行想象。增加描写事物的动作、神态,增加事物间的关联性，让单一的机械仿写充满画面感。学生想象力的培养，不是一蹴而就的，而是需要不断训练的。由一句描述扩为多句描述，由一个事物关联多个事物，就是培养想象力的相似联想、关联联想方法。

趁热打铁，看着学生们热烈讨论，我就提出写百字随笔。这时，有位同学开口道："那我可不可以把这些景物写在一起？"我赞许道："当然可以，字数在100字左右就可以了。"严羽在《沧浪诗话》中说："学其上，仅得其中；学其中，斯为下矣。"然而，面对学生，提出在其能力范围内的低要求，往往会"得其中"，甚至"得其上"。

二、随笔扩写显灵动

在这次的随笔中，大部分同学都超常发挥，洋洋洒洒地写了100字以上，有的同学还写到200字左右，而且内容也比学单里的仿写进步很多。除了个别同学离题外，其他同学都能够运用拟人手法把所想景色写成一篇小文章。

意料之外，又在意料之中。部分学生在我讲授的基础上添加了更多细节，如五颜六色的蝴蝶、跳着广场舞的花朵、叫人起床的清风，等等。还有的同学抓住了一个事物展开具体的描写，如太阳的一年四季，又如蝴蝶和红花的相处。

【田野观察驿站】

（一）

随笔

三（4）班　梓赫

清风一吹，大树相互碰着，似乎在跳"广场舞"呢，小草、小花，都在跳自己的舞，这时，许多黄的、白的、红的、紫的、蓝的……五颜六色的蝴蝶飞来了，还有黄色的小蜜蜂。小花一看，呀！大片的花都绽放开来，绚丽多彩，可鲜艳了。

大家都在舞蹈，小青蛙也来了，它"呱呱"地唱起歌来，小蜜蜂"嗡嗡"地在给青蛙伴奏。

田野小记：在清风的吹拂下，大树、小草、小花都跳着属于自己的舞蹈，五颜六色的蝴蝶和黄色的蜜蜂在绚丽多彩的花朵中翩翩起舞，青蛙还在一旁伴奏呢。"绚丽多彩"是课文中学过的词语，小作者能够学以致用地写到自己的文章中。文中还有很多颜色、声音等细节描写，充分调动起读者的视觉和听觉。

（二）

随笔

三（4）班　瑞峰

一大早，花草树木都睁开了眼睛，打着哈欠伸着腿。太阳出来了，照亮了整个世界。

清风出来，喊道："起床啦！起床啦！做早操了！"

大家一起跳起广场舞，草原一下像赶集市那样热闹！

中午时，下起了大雨，大家累了，就喝起水来，满意极了！

田野小记：这一篇文章是按时间顺序叙述的。早晨，花草树木还在打着哈欠，清风就像个小标兵似的出来叫大家做操，这里结合了同学们的校园生活。到了下午，花草树木喝饱了水，心满意足。

（三）

公园

三（4）班　芯怡

当太阳刚升起的时候，清风吹过，小草低下头向路人打招呼，花儿笑容满面地向路人问好，枝干的手向路人打招呼。蝴蝶在花丛中跳舞，蜻蜓在空中跑步，小鸟在树枝上唱歌。这一个美丽的公园，蝴蝶飞来了，蜻蜓飞来了，小鸟也飞来了。这里有美丽的蝴蝶、轻巧的蜻蜓、可爱的小鸟、漂亮的花儿、碧绿的小草、高大的树，还有一些小孩和大人在散步、跑步、玩游戏。

田野小记：这篇文章内容十分丰富，有花草树木，有蝴蝶蜻蜓，还有路上的行人，他们有的在问好，有的在唱歌，有的在跑步，动态十足，使得文章看起来很鲜活。

（四）

太阳

三（4）班　静妍

春天的太阳像害羞的小女孩，慢慢地露出小半边脸儿。

夏天的太阳一跳一跳地升起，金色照洒着大地。

秋天的太阳带着红彤彤的脸蛋一点点向上爬。

冬天的太阳伸了伸懒腰，从暖和的被子里坐了起来。

田野小记：这篇文章选取的角度非常独特，小作者写的是一年四季的太阳，他抓住了每一季节太阳的不同特点，春天的害羞，夏天的活泼，冬天的慵懒，十分新鲜。

三、结语

在这些文章中，除了要求运用的拟人手法外，不难看出其中满满都是灵动的细节。学生抓住了事物细微而又具体的特点，使文章具有了画面感。而加入了更多细节的拟人句，使这些事物具有了更加鲜明的人性美，使事物的形象更加立体。一点一点的细节堆积起来，就让文章有了生命，从中可以看出学生对生命的赞美和讴歌。这是课后简单的一句仿写所无法达到的。

课堂上七嘴八舌的仿写发言，无法发现学生对仿写的掌握情况。只有写下来，只有写得丰富，才能让想象力"具现"，才能逐步培养想象力的"丰富"。

让教室里的东西会动、会说话

拟人这种新鲜的表达，看着似乎很容易，然而想找到合适的却没有那么容易。因为这需要丰富的想象和联想，需要学生能够抓住事物的特征，需要专门的训练。

一、教室有趣皆"人"化

课堂是学习的主阵地，只有利用课堂时间对学生进行训练，才能让学生真正学会这种修辞方法。从前一次的随笔看，学生能够从概括走向具体。然而，学生的具体限于花、草、树木等常见物体，赋予人的情感或动作大多也是跳舞、唱歌、游戏等。对大千世界来说，这些事物太有限了。如果没有适时引导，就会让学生产生错觉——拟人句好像就只能写花草唱歌或跳舞。

学生在成长过程中，有一段时间感觉世界万物都会说话，那段时间往往是幼儿园到小学低年级。为何到了三年级，不少学生丧失了这个天性呢？除年龄外，更重要的一个原因就在于教师在课堂上的正向引导。

在今天的语文课上，我表扬了同学们完成了上一次布置的拟人句随笔，同学们都十分开心。我也接着拟人这个话题让同学们看看教室里的事物。

"有人知道这叫什么吗？"我走到窗边，指着一盆红掌问道。

同学们面面相觑，都不知道答案。

"这叫红掌，你看它火红火红的，像一个大大的手掌，又像在吐着舌头。请同学们用拟人句来说一说。"

同学们纷纷举手发言。

有同学说："清风一吹，红掌随风而舞蹈。"

"你多加了一个字，句子就变得不那么美了。同学们说说是哪个字啊？"

"而！随风舞蹈或翩翩起舞就很美。"同学们接二连三地说道。

还有同学说："红掌在喝水。"

"我觉得不是很好，如果把喝水改为喝早茶，是不是就很新鲜了？因为植物也会喝水，但喝早茶是人们特有的活动，我们稍微改一些词就能让句子有趣起来。"

接着我又指着窗边说："我们教室里有一排红掌，你们能想到什么？"

"它们在说着悄悄话。"

"表扬这位同学！她不是单纯讲这一排红掌在说话，而是讲红掌在说悄悄话。是不是很传神？因为我们都听不见红掌说话。"

"清风拂过，红掌在相互碰触着。"

"好像在……"我引导同学将句子再丰富一下。

"好像在跳双人舞。"

"更具体了，不错。我们教室除了红掌外，后面还有很多植物，你们知道它们叫什么吗？"

同学们摇了摇头。

"书架上的那盆叫剑兰，靠近门口的那些叫绿萝。你们现在知道了这些植物的名字，就可以回去教爸爸妈妈了。"

我在训练的同时，也在潜移默化地培养同学们积累的习惯，这一节课上，学生就认识了几种植物的名字，记住了"悄悄话""喝早茶"这些词也是可以运用在句子中的。

万物皆有灵。只要舍得给时间让学生去感受，教室里的所有东西都可以"动起来""说起来"。

二、专门训练有效果

既要说好，又要写好。根据课堂引导，我让学生用拟人手法写一写教室里的事物，并要求100字以上。统计数据如下：

全班	45人	百分率	所选事物	人数	拟人状态	人数	字数	人数
未交	0	0	植物	35人	说话	18人	不足100字	2人
符合	40人	88.89%	学习用品	8人	听课	11人	超过100字	40人
偏题	1人	2.22%	风	10人	跳舞	15人	超过200字	3人
离题	4人	8.89%	其他	5人	休闲	9人		

整体情况不错，全班同学都交了随笔，有一位同学忘带了还让家长送过来补交。有几位同学离题，可能是没听清楚我的要求，写的是从早起到上课放学的流水账，还有的同学在写作时，不能区分比喻和拟人的修辞手法。这就需要同学们在课上认真听讲，不懂就问，课后登记作业时仔细记录。在批改作业的时候，我还发现，个别同学在写作时存在凑字数的情况。

据统计，班里大部分同学写的都是上课我重点举例的"红掌"，少部分同学还写了黑板、桌椅、风、小鸟、蝴蝶等。虽然写的都是"红掌"，但能发现每个人的"红掌"各有特色，就比如说话，有的是在说悄悄话，有的是在和同学们一起朗读，还有的是在唱歌。同学们对于事物的拟人也大多是写关于前几课上学过的"跳舞""说话""听课"等活动。不过相比于前几次的拟人练习，这一次的随笔，很多同学都将这些活动具体化了，比如说的是"悄悄话"，跳的是"双人舞"，喝的是"下午茶"，等等。这些细节为教室里的事物赋予了灵魂。

【田野观察驿站】

（一）

随笔

三（4）班　梓澄

一天，我来到教室，看见鲜艳的红掌在排队，等着喝早茶呢。等到下课，我看见清风先生和红掌的弟弟妹妹说悄悄话呢。吃完饭我看见红掌在跳舞，跳的是双人舞。睡醒以后我看见剑兰正在和风儿打招呼呢。最后，我看见绿萝跟着风跳舞，它们跳的是广场舞。

田野小记：这位同学赋予风、红掌、绿萝以生命，还将上课听到的"喝早茶""双人舞"运用到了自己的文章中。

（二）

随笔

三（4）班　诗颖

今天，在上课的时候，我无意间看到龙舌兰在静静地看着我们上课，时不时还点点头。我们下课了，它们又随风起舞，相互碰撞着，好像在跳双人舞。有时风弟弟、龙舌兰姐姐和剑兰妹妹要说悄悄话呢，时不时就开开心心地抖叶子。下雨的时候，龙舌兰和雨点打招呼，向彩虹问好，向回来的太阳张开双臂迎接阳光。龙舌兰们无聊的时候看着墙角发呆，当我们放学的时候，它们便知道第一天要结束了，就高兴地把自己裹起来睡觉，期待着明天的到来。

田野小记：这位同学写的龙舌兰活动十分丰富，上课时听课，下课后跳舞、说悄悄话，下雨时、出太阳后、放学时，每个时间段的活动都不一样，而且各具特色，龙舌兰就好像一个真的人一样生活在我们身边。

（三）

教室的朋友

三（4）班　雨芯

一大早，同学们早早地就来到了教室里，教室变得热闹起来，老窗帘爷爷说："一年一度的辩论赛开始了！"

桌椅说："我们是最厉害的，如果没有桌子，同学们就没办法学习。"

椅子又说："难道还要让同学们站着上课吗？"

这时，文具队走过来说："我只说一句，你想让同学们考零分吗？"

老窗帘爷爷说："停！"这才安静下来，"你们听听同学们读课文吧！"

鸟儿们不叫了，树枝不摇了，蝴蝶停在花朵上，好像在听同学们读课文。花儿、草儿、树听得点点头，风儿正在和同学们比赛读课文。听着听着，就把这件事忘了。

田野小记：这位同学的想象十分独特，教室里的窗帘、桌椅还有文具都有了生命，它们在开辩论赛，后面的部分还运用到了课文里的句子，学以致用。

三、结语

在这次的习作中，我发现同学们的想象已经开始从模糊、片面慢慢走向清晰、完整。比如，在上一次的拟人仿写中，同学们用的都是我课堂上讲的例子，而且大多只选择一个事物的某一方面进行描写。而这一次的随笔，我的要求是将教室里的事物拟人化。虽然很多同学都选择了"红掌"这一例子，但他们发挥想象，在习作中还加入了清风、绿萝、阳光、桌椅等，将教室里的各种事物联系在了一起，具有整体性，又或者将"红掌"这一事物写得更加全面丰富。

这次习作的想象建立在具体实物的基础上，并融入了自己的感性经验。通过课堂分享的启发和课后习作的巩固，同学们对于刻板形象的依赖性慢慢减弱，灵动想象开始发展起来。

从苏轼那儿流淌到校园的秋意

三年级上册第二单元人文主题是"秋日美景",单元阅读训练要素是"运用多种方法理解难懂的词语"。我们首先学的是《古诗三首》,对于第二首《赠刘景文》,学生理解起来有点困难。

《赠刘景文》前两句"荷尽已无擎雨盖,菊残犹有傲霜枝",其景色为荷败菊残,尽管有"傲霜枝",但总归是衰败景象。后两句"一年好景君须记,最是橙黄橘绿时",一反前两句之景,呈现昂扬之态。如何让学生理解后两句蕴含的劝勉珍惜之意?

查阅各种对此诗的解读,都说是"曲尽其妙"。没有一字赞颂刘景文,但所选用的景物隐含勉励之情,表达了对刘景文品格的赞颂。对三年级学生来说,要达到这样的理解是无法做到的。做不到,那就降低要求,让学生感受到作者所表达的珍惜美好时光、乐观向上之情即可。如何让学生见苏轼之所见呢?

一、踏足校园寻秋意

大自然是最好的老师!

今天,秋阳正好,秋风飒爽。早餐后,我就"踩点"。饭堂门口的小叶榄仁叶子正随风飘落,操场边的白玉兰叶子枯黄卷曲,墙上的爬山虎也叶零枝散；同时，香蕉、木瓜、柚子正准备成熟。这不就是《赠刘景文》诗中秋意的生动再现吗？

时光正好，时不我待。早读，我就带着学生走出教室看看校园的秋。

观察，需要用眼睛看、用耳朵听、用心想。

首先，带着学生来到饭堂门口，观察顾长的小叶榄仁。因为清洁工已经清扫完地面，所以我轻轻摇晃树干，树叶也就掉落下来。我让学生仔细看落叶，看看像什么，让你想起什么，我不给标准答案。而后，让学生踩踩叶子，竖起耳朵听一听。再让每个人捡一片落叶回去收藏。

其次，带着他们看白玉兰和爬山虎。看叶子的不同，感受秋的意境。

看完衰败的景色后，再对比看校园丰收的景象。快要成熟的香蕉，挂满枝干的木瓜，躲在叶丛中的柚子，衰草与果实并存的菜园，让学生无比惊讶，原来秋天是如此的芬芳。

二、秋意连绵诉笔端

因为有实际观察，所以课堂上再次引导学生理解《赠刘景文》，就不再是问题了。随着课堂理解的深入，学生更需要的是将所看的写下来。而这，也符合本单元的要求——引导学生感受秋天的奇妙与美丽，培养学生观察与想象的能力，激发学生热爱大自然的情感。

亲眼观察了，亲身感受了，任务一布置，学生们全都在埋头写，下笔如有神。最后收上来批改，全班同学写得都符合要求，还有位同学洋洋洒洒写了400多字。在批改的过程中，发现同学们在写校园时，选择的事物都是老师带领他们去仔细看过的，如小叶榄仁、白玉兰，还有菜园里的蔬菜等。班里有近半数的同学能将之前学过的拟人、比喻等修辞手法运用在习作中，让文章更加生动。更有16位同学调动了自己的感官,将感受写在了作文中,如听到踩树叶的"咔嚓咔嚓"声,看到金黄色的树叶,具体到个数的香蕉,闻到的花香。

数据统计如下:

全班	45人	百分率	所选事物	人数	完成情况	人数	字数	人数
未交	0	0	小叶榄仁	39人	比喻	17人	超过100字	26人
符合	45人	100.00%	白玉兰	35人	拟人	8人	超过200字	17人
偏题	0	0	爬山虎	28人	调动五感	16人	超过300字	1人
离题	0	0	香蕉树	13人			超过400字	1人
			菜园	28人				

三、五感交融写秋景

比较来看,直白表达的学生不在少数,他们将经历的、看到的事物写出来,如"今天老师带我们去了菜园,里面有辣椒、木瓜、菠菜等。"或"我今天看到了小叶榄仁树,看了白玉兰,看了木瓜树,还看了……"单纯的记录,就缺乏了美感。

而学会调动自己的各种感官来写作,则对学生写好作文有着莫大的好处。经过开学以来的灌输,加上几篇随笔的训练,学生们能够运用多种方法表达自己的感受。部分优秀作品展示如下。

【田野观察驿站】

(一)

秋天

三(4)班 芯怡

早晨,清风一吹,小叶榄仁叶落到了饭堂里,它们走进饭堂里吃早餐，吃完早餐它们去找白玉兰一起玩，它们玩碰撞的游戏，还发出"咔嚓"的声音。

到了下午，它们去看望爬山虎，有些爬山虎跳了下来，对它们说："今天是我们比赛的好日子，你们也一起看我们的比赛吧！""好呀！"小叶榄仁和白玉兰回答。"哇，有个爬山虎快爬到顶上啦！"白玉兰说。

它们最后来到辣椒园，它们在那里跳啊、蹦啊，玩得真开心呀！真是一天最难忘的日子呀！

田野小记：小作者将小叶榄仁、爬山虎、白玉兰直接当作人来写，写了它们玩碰撞游戏，一起比赛。文章标题是"秋天"，但秋天的特点不是很突出，全文勉强能扯上关系的只有"玩碰撞游戏发出咔嚓的声音"，这一句指的应该是落叶碰撞或人们踩落叶的声音，十分不明显。

（二）

看看"秋"的样子

三（4）班　梓赫

今天，我们来到饭堂门口，一丝风也没有，我们不能摘树上的叶子，只好捡地上掉下来的枯叶，我踩了一下，"咔嚓"一声，酥酥的，像碎片一样。我又拿起一片枯叶，闻闻，一点也不好闻。老师说这是小叶榄仁，之后我们又看见一棵树，老师说这是白玉兰，接着我看见了爬山虎，它可奇怪了，下面是黑色的，中间是绿色的，上面是红色的。接着，我看见香蕉树，一串有五六十根香蕉。我又来到菜园，有秋葵、油菜、辣椒、木瓜……还有山茶叶，闻上去有香蕉的味道，不知道能不能泡茶。

看看"秋"的样子吧!

田野小记:小作者在写作时调动了自己的多种感官,踩落叶的"咔嚓"声,枯叶并不好闻的气味,爬山虎奇怪的颜色,使文章具有满满的细节。

(三)

我的学校

三(4)班 梓源

一天,老师带着我们去食堂、教学楼下等很多地方,看看学校的风景。

白玉兰,它们长得很好看,但它们都枯萎了,一踩它们,它们就发出"咔嚓咔嚓"的声音。老师还带我们去参观小叶榄仁,它长得像一把小扇子。还有香蕉,香蕉一节一节的,像一条小船一样。还有爬山虎、辣椒、秋葵、茄子。爬山虎高高的,像高高的人一样;秋葵尖尖的,像剑一样。茄子和辣椒刚发育,还没长多大。

原来,我们的学校这么美丽!

田野小记:这篇文章先交代了老师带领他们离开教室去到学校的各处观察,接着写了他看到的事物,但他又不是简单地将看到的事物罗列出来,而是加入了很多细节,还运用了比喻的修辞手法,使文章更加生动。

（四）

校园里的秋天

三（4）班　瑞峰

今天早上，我一路看着《笨狼的故事》来上学。来到学校，第一节课，数学，我正准备拿数学文件袋出来时，听见骆老师说："这节课换语文课，出来带你们感受下秋天。"

到了饭堂前，饭堂前有很多棵树，骆老师突然在一棵树上用力一拍，落叶像雨一样落下来，骆老师告诉我们，这是小叶榄仁树。

接着来到操场边，有几棵树，骆老师说，这叫白玉兰，它的叶子比小叶榄仁树的树叶大一些，落叶全在上缩着，像一只只金色的毛毛虫。我们先后去看了小叶榄仁树、白玉兰。接着，来到了饭堂旁边的小巷子里，我们抬头一看，墙上，一片片爬山虎叶子嫩嫩的，脸上开始有些深红色的表情。

后来，我们又去小菜园，那是我们三（4）班管理的地方。我们一起进去，因为中间的路不够站45人。我只好挤进一条小巷子里，正巧，小巷子里有一棵辣椒树，一个一个辣椒红通通的。

秋天藏在我们的校园里，在角落里静悄悄地看着我们……

田野小记：这位同学是按照自己的行走轨迹来讲述的，在后面部分描写校园里的景色时，运用了多种修辞手法，结尾点题，起到了画龙点睛的作用。

三、结语

虽然本篇随笔进步不少，但依然存在一些问题。例如，个别同学还是习惯性地用拼音代替不会写的汉字，还有的同学语言组织能力有待加强。在这一次的批改中，我还发现很多学生在写作时抓不住重点。就以这次写作为例，重点是"秋天的校园"，但很多同学只关注到了"校园"，而忽略了"秋天"二字，又或者是想要写"秋天"，却抓不住秋天的特征，最后呈现出来的文字中只有"落叶"能体现"秋天"。

　　出现这种情况，我想有以下几点原因。

　　一是在以前的看图写话中，对字数的要求并不严格，而三年级的习作对字数有要求，学生在写作时有时为了能多写一点，就把很多无关紧要的事物都罗列在作文里，这就造成了重点不突出。

　　二是有的学生对于事物的观察还不够仔细，思考还不够深入。如这一次要描写秋天，学生对于秋天的描写基本都是落叶或丰收的果实，其他的就写不出来了。但学生对落叶的观察还不够细致，在老师的引导下，他们知道了踩落叶的声音是"咔嚓咔嚓"的，但视觉、触觉呢？所以在今后的习作训练中，我将会多引导学生调动自己的各种感官去体会某个事物，让学生能够多方面地感受不同的细节，让习作有东西可写。

"我手写我见"的上学路

　　《铺满金色巴掌的水泥路》这篇课文，是富有童趣的叙事散文。一条上学的水泥路，在作者眼里，充满了童真、情趣的美。文中的叠词、动词运用精当，读来富有韵律感，让读者从字里行间感受到作者对秋景的喜爱和赞美之情。"课文无非是个例子"，从课文中的美到生活中的美，再到学生笔下的美，是需要经历一番"转化"的。

一、链接生活助理解

　　如何让学生真正理解作者笔下的这种美呢？要知道，这种金色巴掌（梧桐树）在佛山几乎没有，在广州也不多见。我想，除了利用图片、视频辅助理解外，关键还在于如何和生活连接，激发学生通过已有认知去想象和联想。

　　一上课我就提出一个问题，"金色巴掌"指的是什么？同学们很快就在文中找出了答案，并回答道："是梧桐叶。"三年级学生生活经验还比较少，但好奇心强，容易激发兴趣。所以我接着就结合生活实际提问，梧桐叶多见于北方，但南京有一条路上落下的梧桐叶，人们不让扫，这是为什么？

　　果然同学们注意力一下就集中了，七嘴八舌地讨论起来。老师通过几个问题将"秋天""大自然""美"这几个关键词呈现出来，还让同学们的注意力集中到课文当中。

随后，带着学生们一起通过品析文中词句去切实感受水泥道的美。在课堂中，同学们也十分聪明，会利用近义词、联系上下文的方式去认识"明朗""熨帖""凌乱"等词，还借用书本上的插图去想象"铺满金色巴掌的水泥道"。对于"明朗"一词的理解，我反复做文章：既有来自学生的近义词法，也有回归文中的联系上下文法，还有就是联系生活。我还让学生看看外面的天空，果然是一片纯净的蓝（上课时，是上午第一节课）。在此基础上，理解"明朗的天"就容易得多。"熨帖"的理解，也同样如此，用熨斗熨衣服的帖来理解"熨帖"就不用费力气了。

光看到美是不够的，还需要准确描绘出来。对三年级学生来说，词汇积累的不足严重限制了表达。同时，阅读材料丰富的词汇又让学生难以理解。在此单元中，我让学生学会多角度地去理解词语显得十分必要且重要了。一边理解，一边运用，学生逐步养成运用丰富词语来表达的习惯，这样就能为习作起步打下良好基础。

词汇是表达美的基础，对美的感受是最为重要的。怎样才能发现美、表达美、欣赏美呢？课文给了最好的答案。

为什么一条普通的水泥路，"我"会觉得真美啊？因为"我"仔细观察，用心感受，发现了容易被人们忽视的普通事物的美，所以"我"眼中的上学路是那么地美丽，那么地吸引人。

"我们身边没有梧桐叶，是不是没有美呢？"

"不是。"

从开学初，一直以来的引导在这里发酵了。学生们很快就要说出上学、放学路上所看到的美好景象。我趁热打铁，布置学生在认真观察、好好感受的基础上，写自己上学路上的美。

二、迁移课文写所见

从所提交的随笔来看，课文的学习效果是显著的。

在这一次的练笔中，我发现同学们开始有意识地运用在课堂上强调过的好词好句，并根据自己的文章进行仿写加工。大部分学生都运用了拟人和比喻两种修辞手法，对大树、小花赋予人的特性，将电线杆比作站岗的士兵等，有的还运用了平时积累的好词，如"亭亭玉立""无拘无束""与众不同"等。

而在《铺满金色巴掌的水泥道》这篇课文中，我上课提到过的首尾呼应、细节描写，也被学生运用在了本次的练笔中。同学们对首尾呼应的掌握还是比较到位的，基本都能紧扣主题。比如，有学生是对课文句子的仿写，"一夜秋风，变凉爽了"，交代了时间；有学生在首尾直接点题，"今天上学的路旁美丽极了"，表达自己的感受。

同学们对于上学或放学路上所见事物的选择比较多样，花草树木、蓝天白云等自然景物，或路上看见的汽车、电线杆、国旗等符合学生生活实际的事物。记录真实的生活，表达真实的感受，这就是随笔的意义。学会把所见的记录下来，培养慢慢观察的能力，在"慢"中发展想象和联想能力，进而触动敏感的心灵，就如课文所写的"一步一步小心地走着，一片一片仔细地数着"这般。

那么学生是怎么引出这些景色的呢？很多人先写"爸爸（妈妈）骑着电动车载我去上学，在路上我看到了……"再接着写看到的景物，又或者在直接发出"上学（放学）路上的景色真美啊！"的感叹后进行对景物的描写。对三年级学生来说，从直接的生活切入，能够树立学生"我手写我心""我手写我见"的意识，降低学生从生活到习作的难度。

同学们对于事物的观察还是很仔细的，对于秋天树叶的描写，不是照搬课文里金黄的树叶，而是能观察到叶子有半黄半绿的，也有深绿色的，这很符合南方树木的特点。

但我发现还是有部分学生在课堂上听不懂要求，写作时还是离题写成自己一天生活的流水账。有的学生虽然听懂了要求，但在写作时把上一次写"秋天校园的景色"的要求和这一次"上学或放学路上的景色"的要求融合在一起了。刚好这两次的习作要求有一定的重合度，所以融合在一起写没什么问题，但如果是两次截然不同的要求呢？我想，出现这一现象很重要的一个原因，还是学生在课堂上不认真听讲。

在最近几次的习作当中，有个别学生还不会使用标点符号，"一逗到底"，还有的学生不会根据写的内容进行分段，最后呈现出来的效果就会大打折扣。对于这些基础性问题，也需要引起重视，要在课堂上对这类问题进行总结，并向学生传授正确的方法。而对于经常出错的学生，老师可以私下找其分析问题所在。

具体数据统计如下：

全班	45人	百分率	完成情况	人数	字数	人数
未交	2人	4.44%	拟人	27人	不足100字	1人
符合	41人	91.12%	比喻	15人	超过100字	32人
偏题	0	0	四字词语	16人	超过200字	10人
离题	2人	4.44%	其他	5人		

【田野观察驿站】

（一）

放学时的美景

三（4）班　杨璐

放学路上，我看见了鲜红的国旗，校园里的夕阳和彩霞我都百看不厌，小鸟在大榕树旁"叽叽喳喳"，好像在轮流唱歌一样。一阵秋风吹来，接着，小叶榄仁的叶子轻轻飘落到了跑道上。

走出校园，街道上到处都是金黄的落叶，我一步步走着，一片片数着。落叶铺满了街道，街道顿时铺上了金黄金黄的毯子。

今天校园外的街道真美啊！

田野小记：文章写了放学时校园里和校园外街道上的美景，鲜红的国旗、百看不厌的夕阳和彩霞、唱着歌的小鸟、街道上金黄的落叶都令"我"着迷，结尾直接抒情。

（二）

秋在哪里

三（4）班　宇洋

阳光照在大地上，就像黄金铺在大地上，金黄金黄的，十分耀眼，阳光似乎在说："我要洒满大地！"

明朗的天空蓝了，像被谁洗过一样，天上一朵白云也没有，好像它们还没上班呢，不知是没睡醒还是怎么了。我听到"叽叽喳喳"的声音，没错，那是可爱的小鸟正在欢快地唱歌呢！

坐在车上，轮子压着那一片片金黄的叶子，不像北方，大树的叶子都掉光了，而我们这边，还有碧绿的叶子挂在树上，叶子想：我可不想离开树妈妈的怀抱。

当阳光铺满大地，就像黄金铺在地上，我第一回觉得上学的路上真美。

田野小记：小作者运用了拟人的修辞手法，使上学路上看到的景象活起来。文章首尾呼应，最后直抒胸臆。

（三）

秋天的景色

三（4）班　紫柔

一阵凉风吹过，消散了炎热。

秋天来了，树叶落下，枯黄的叶子飞落在地上，踏上去软绵绵的。眼前的草地，虽然有些小草已经枯亡，但还有许多绿色的小草亭亭玉立，一排一排的孩子们站着，快乐地唱歌跳舞热闹非凡。抬头望蓝天，只见天空蓝得可爱，蓝得鲜明，蓝得无拘无束。突然，远方传来了大雁的叫声。哦，大雁带着家人，飞向更广阔的天空。

田野小记：文章开篇用凉风吹散炎热引出秋天，又运用了拟人、排比等多种修辞手法，生动形象，但文章只能看出美景，并不能体现是在上学或放学路上。

（四）

上学路上

三（4）班　梓烨

今天早晨，妈妈带我去上学，我看到了一些泛白的草，十几棵高大而古老的树，上面还有几根垂下来的"百年树根"。一些已经枯掉的小草弯下了腰，好像在跟我敬礼。旁边的灌木丛里，经常有些人往里面丢垃圾，真讨厌！

我还看见了和我一样去上学的小学生，他们手里还拿着一些好吃的，如牛奶、面包等。他们有的单个走，有的两个一起走，还有多个人一起走的，大家都是说说笑笑的，真好！

上学路上，我和妈妈一起聊天，聊着聊着，就到学校了！

田野小记：小作者在写上学路时，不仅写了看到的景物，还写了看到的人，使文章充满了生活气息。

（五）

上学路上

三（4）班　紫柔

早上，我早早地起床，穿好衣服后刷牙、洗脸，吃早餐。吃完早餐去上学。

路上的风景真美啊！早餐店的生意很火，有许多人在那吃早餐。那里有丰富的早餐，有的人吃肠粉，有的人吃面包，还有的人吃云吞……

过了一会儿，我看到了一个可爱的草莓园，那里面有许多草莓，有绿色的草莓，有红色的草莓。最有趣的是里面还有番茄，有绿色的，有黄色的，还有红色的。

道路两旁有小红旗和白玉兰，白玉兰的叶子变黄了，还有些落下来枯了，小红旗挂在了路灯和白玉兰的头上，增加了这里的美。

学校周边有许多家长义工指挥着路边的车和上学的学生和家长。

路上的风景真美啊！

田野小记：这篇文章字迹工整，小作者根据一路上所经过的不同地点进行分段，从早餐店到草莓园再到道路两边最后进入校园，清晰明了。

千姿百态的"双节"

金秋十月，丹桂飘香。在这个丰收的季节，中秋与国庆再次相遇，阖家团圆寄相思，喜迎国庆贺华诞，国与家撞了个满怀。

一、期待里的期待

带着对节日的期待，学生们迎来了八大小长假。无论是中秋赏月，还是国庆出游，都足以填满这八天。既然有丰富的生活素材，就不能浪费，要及时"可视化"。所谓日积月累，就是在点点滴滴中积累起表达的范式、欲望，从而海纳百川形成能力。

在放假前，我布置了写随笔的作业，内容就是写双节，其他什么要求也没说。我隐含的期待就是至少和以前一样，写一个页面，大概200字即可，也期待优秀孩子写出丰富的双节来。

叶圣陶曾说："生活是写作的源泉，源头盛而文不竭。"果然如此，丰富的双节活动带来了学生的"文思泉涌"！学生所写的随笔出乎我的意料，很多学生的随笔字数都快赶上高年级的要求了，而且很多学生都能学以致用，把之前积累的成语、诗句运用在随笔中。学生们在看到宽广的田野时，能想到"春种一粒粟，秋收万颗子"；在看到枯萎的荷塘时，能想到"荷尽已无擎雨盖，菊残犹有傲霜枝"；在看到天上那一轮圆月时，又能念出"小时不识月，呼作白玉盘"。

一篇记叙文怎么写，一篇随笔怎么写？其实简单来说，就是要交代清楚六要素。在课堂上，训练学生概括主要内容时，我强调了六要素，但没有过多训练，毕竟学生才三年级。然而，"有心栽花花不开，无心插柳柳成荫。"大部分学生"学以致用"，能够很好地落实六要素。

大部分学生在开头就会点明时间，表达自己假期的开心与期待，又或者是交代假期去了哪里，还有的学生学会了用环境描写来开头，让人感受到浓浓的节日氛围。在中间部分，能看出学生们的积累量明显丰富很多，比如，看到了"栩栩如生"的壁画，听到了"震耳欲聋"的烟花炮声，对假期的"依依不舍"。又如，看到圆月能想到以前学过的诗句。而且我发现学生开始有意识地按照时间顺序或游览顺序来进行叙事，比如出去游玩的学生，他们往往眼随脚动，会根据自己的游览顺序来描写所看到的景物，同时充分调动自己的五感，听到"哗哗"的水声，郁郁葱葱的树林在微风阳光的作用下忽明忽暗。在结尾部分，主要是表达自己的感受还有对广大人民的祝福。前几次随笔训练写景的效果，在这次随笔中看到了。

在看学生的双节随笔时，我总有一种亲切感。我想原因应该是他们写的是"大背景"下的"小生活"，他们所写的事都是自己经历过的，是有感而发的。有学生写和家人一起外出游玩，也有学生写赏月、制作月饼，还有学生写早早起床观看升旗仪式的感受，学生们假期的活动真是丰富多彩。这些极具生活气息的事件，一同描绘出一幅阖家欢聚、国泰民安的画面。

在学生叙述的这一件件家庭"小"事中，我体会到了学生对国家的"大"情怀。学生在不经意间达到了"以小见大"的效果，让读者从个人、家庭的欢乐氛围中体会到了浓厚的举国欢庆的节日氛围，并且，从文字中流淌出来的爱国之情浓厚欲滴。

当然，我也发现了一些问题，比如有少部分学生不会选材。他们在写作时，只是将一天的流程写了出来，起床、吃三餐、写作业，通篇看下来十分无聊，完全看不出这是双节假期写的随笔。不过，学生能够把事情写出来，这本身就是好现象。

二、过节的"千姿百态"

本次随笔，统计结果展示如下。

全班	45人	百分率	完成情况	人数	字数	人数
未交	1人（请假）	2.22%	引用	4人	超过100字	7人
符合	42人	93.34%	比喻	13人	超过200字	13人
偏题	1人	2.22%	四字词语	16人	超过300字	12人
离题	1人	2.22%	语言描写	7人	超过400字	10人
			其他（拟人、排比）	7人	超过500字	0人
					超过600字	2人

从统计来看，超过一半的学生，在没有提要求的情况下，就能写到300字，这是非常喜人的一面。学生爱写、乐写，这就是起步作文指导的最重要所在。

【田野观察驿站】

（一）

双节游记

三（4）班　杨璐

金秋送爽，天高云淡，在这个果实累累的季节里，我们迎来了中秋节和祖国的七十四岁生日，大街小巷都布置得漂漂亮亮，路边的灯柱上都插着国旗，一排一排，整整齐齐的，随风飘扬。

最让我开心的是，要放八天假，对此我充满期待。假期第一天是中秋，奶奶做了一大桌团圆饭，非常美味。饭后，一家人一起去江滨湿地公园赏月，一轮皎洁的圆月挂在天空，象征着团圆。对了，中秋节要吃月饼、猜灯谜。

我们又去了余荫山房。余荫山房是广东四大名园之一，古典岭南园林建筑代表，园林里有山、有水、有阁楼，非常清雅的景致。庭院中间有一个很大的湖，湖里有两只白鹅在游来游去，远处有一座假山瀑布，源源不断的水流下来。旁边是文昌阁，几条龙纹雕花盘旋在屋檐下，还有精致的壁画，栩栩如生。园林里面非常大，值得欣赏。

这个假期过得很充实，祝祖国母亲生日快乐，繁荣昌盛！

田野小记：这篇随笔开头就十分吸引人，开门见山点明时间，又用环境描写渲染了浓浓的节日氛围。对于自己假期去的景点，描写得也很细致。

（二）

难忘的中秋

三（4）班　沛淇

中秋节，是中国传统节日，今年的中秋之夜，我们一家早早开始了赏月、吃月饼的活动。

每年农历八月十五就是中秋节，人们全家团聚，一起赏月、吃月饼，到了晚上，桌子上摆满了月饼、葡萄、梨、苹果、香蕉等，爸爸、妈妈、姐姐、弟弟和我一起围坐在桌前边吃边看电视，说着，笑着，尽情地享受这快乐的时光。为了能够更全面地赏月，我们提着灯笼下楼到小河旁去，一轮明月映上水面，晚风一吹，河面波光粼粼，抬头看向夜空，又大又圆的月亮高高挂在空中，多美呀！

眼中望着那圆圆的明月，口中吃着香甜的月饼，我爱上了赏月。

田野小记：小作者选择的是中秋节发生的事，开篇点明时间、人物、事件。在描写明月映在水面上的场景时，十分生动，让人身临其境。

(三)

欢快的中秋节

三（4）班　颢霖

今天是中秋节，我非常开心，因为今天是一个团圆的日子，姐姐也从学校回来了。我们欢聚一堂，吃着各种口味的月饼。例如奶黄流心味、青柠流心味、生椰拿铁味……我觉得青柠流心味太酸了，我的牙齿都快酸掉了。

吃完晚饭，我们直奔东平河边。我看到了东平桥上的灯光秀。绚丽多彩的东平桥让我百看不厌。我抬头望去，突然发现天上挂着一轮圆圆的月亮，圆圆的月亮像圆盘一般。我不由得想起了《古朗月行》的诗句，"小时不识月，呼作白玉盘。"突然，旁边有一位小朋友说道："走，我们去儿童乐园看看。"于是，我跟随他们来到了儿童乐园，发现这里人山人海。有的小朋友在玩滑梯、攀岩……他们都玩得非常开心。

我觉得夜色中的东平河边真美啊！我希望东平河边的美景能够延续下去，与天不老！

田野小记：从小作者写的吃月饼、出去玩这些平常事里，能看出当时欢乐的氛围,而且小作者还能引用以前学过的诗句,很棒。

(四)
快乐的双节
三(4)班 丽雯

今天是八月十五中秋节,这是我出生以来第二次遇到双节一起放假,我无比开心和期待,终于可以好好玩上几天了。

今天,小区举行中秋迎国庆的游园活动,我奔跑着冲向活动现场,现场热闹非凡,欢声笑语,工作人员正有序地做着活动准备,今天的活动有做月饼、画灯笼、画扇子、吹气球……我还在心愿墙上写下了我的祝福,祝全国人民节日快乐。

这时,做冰皮月饼的广播响了。阿姨走过来发放了做月饼的材料,我戴上手套,拿起月饼皮在手上一顿揉搓,压扁,放入我喜欢的馅,包起来,撒上一层粉,放进月饼模具里,使出吃奶的力气一压,一个可爱诱人的月饼就做好了!我拿着做好的月饼跑到妈妈的面前,把这份成功的喜悦分享给了妈妈,妈妈说我真能干。

这次游园活动我收获满满,真是有意义的一天!

田野小记:在这么多天假期里,小作者选择的是参加游园活动的那一天,其中又主要描写了制作冰皮月饼的活动。在这一部分,小作者通过一系列动作描写,将制作过程展示在读者面前。

（五）
国庆节
三（4）班　梓源

今天是10月1日国庆节，是祖国妈妈的生日，早上，我们一家人围着电视看升旗仪式，虽没有现场的震撼感，但是也能感到祖国的强大。仪仗队的士兵非常威武，他们整齐划一的列队和庄严的表情都令我印象深刻，随着国歌的响起，红红的国旗高高飘扬在天安门广场上。看完升旗仪式后，我立志长大以后要成为一名军人，保卫祖国，保卫人民，为国家发展贡献力量。

中午吃完饭后，我们一家准备出发到海南旅游，希望大家国庆节快乐。

田野小记：小作者主要写的是观看天安门升旗仪式的场景，而后表达了自己长大后想做军人的志向，很有追求，不错。

"消失"的契机

《义务教育语文课程标准（2022年版）》对第二学段（3～4年级）习作的其中一个要求是："观察周围世界，能不拘形式地写下自己的见闻、感受和想象，注意把自己觉得新奇有趣或印象最深、最受感动的内容写清楚。"

不过，平淡的学习生活似乎很难让学生有意去观察周围世界，至于新奇有趣、深刻感动的东西，似乎也不常见。这就导致很多学生回家写的文章失真。这该如何办呢？

古希腊哲学家赫拉克利特说："太阳每天都是新的。"太阳新，生活新，心灵新。如此新鲜，为何很多人会视而不见呢？因为缺少一颗敏感的观察心，缺乏留心生活的习惯，须知"欲要看究竟，处处细留心"。

一、捕捉"消失"契机

对三年级的语文老师来说，培养学生观察的习惯很重要，然而比这个更重要的是老师要善于观察以及引导学生去观察。当然，专门去观察是必要的，又是很难做到的。唯有把握课堂与校园生活的观察契机，及时引导学生去观察，去感受，去想象，才能捕捉那份"有趣""感动""印象最深"。

在今天的语文课堂上，就发生了一件"消失"的趣事。

当我上课找不到学单时，A同学自告奋勇去办公室拿。我告诉A同学："在三年级办公室，不在德育处哦。你知道三年级办公室在哪吗？"

A同学肯定地点头。在等A同学回来的这一段时间里，坐在后排的同学发现学单就在教室后面的桌子上。于是，我就把学单发了下去。同学们左等右等都不见A同学回来，这位同学就这么"消失"了！安全起见，还是要去找她。于是老师又叫了B同学去找她。

没想到，B同学出去一会儿，A同学就自己回来了。我问她："你有看到去找你的同学吗？"A同学挠挠头说："没有啊。"

这是怎么一回事？怎么另外的同学也"消失"了呢？

最后，等B同学回来后，我仔细询问才知晓原因。原来是A同学跑去了德育处，B同学跑去了三年级办公室，加上学校楼梯又多，所以被找的和找人的就这么完美错过了。

最有意思的是，无论是B同学还是A同学回到教室，都能引起同学们的哄堂大笑。这样的课堂，是多么新奇有趣，多么让人印象深刻。

二、写下的"消失"故事

这次随笔的数据统计如下：

全班	45人	百分率	完成情况	人数	字数	人数
未交	3人（1人请假，2人未带）	6.67%	语言描写	18人	不足100字	0人
符合	37人	82.22%	四字词语	16人	超过100字	23人
偏题	4人	8.89%	其他	5人	超过200字	18人
离题	1人	2.22%			超过300字	1人

通过之前习作的训练和课堂上对于事件六要素的强调，在这次的随笔里，就算是离题、偏题的同学，也基本都能在开篇交代时间、地点、人物，并将事件描述完整。这是一个很好的现象，同学们开始从之前各种要素堆积起来的"能写"作文慢慢过渡到有一定写作技巧的"会写"作文的程度了。

沟通存在沟通"漏斗"，写作亦如是。看到的、想到的和最终表达出的存在着"漏斗"。这既有从脑海的形象思维转为语音符号的问题，又有表达训练的问题。比如，在这次的随笔中，同学们能将趣事的起因、经过、结果交代清楚。但是大部分同学的描述却看不到有趣的地方，只是在结尾感叹一句"啊，这真是一节有趣的语文课！"

为何会这样呢？我想，原因就在于学生缺乏表达技巧。在描写一件事时，除了要交代清楚六要素外，还需要融入丰富的细节描写，一波三折的情节或想象、联想。这将是接下来训练"布局形式写"和"写清楚"的重点。

关于观察与引导观察，还需要花一番工夫。在学生随笔中，我发现一个很特别的现象：同一件事情，每个学生写下来的过程大不相同。有的是说有位女生去找学单很久没回来，老师就叫了两位男生去找她；有的又说老师叫了两位女生去找她；有的说学单是在教室里找到的；又有学生说是在办公室找到的。由于大部分学生只是在课堂上看见了这件事，并没有真正地参与其中，所以对事件细节的印象并不深刻。在事件结束后，老师复述事件时，学生们有可能并没有意识到这是一个总结性的发言，是一个重点，所以注意力并没有集中在老师的说话上，而是沉浸在刚发生的事情上。从这些现象可以看出学生对于课堂上发生的事还是缺乏观察力，抓重点的能力还比较弱。这些能力并不是一蹴而就的，而是需要在课堂上长期地积累与实践。

此外，每次批改随笔时都会发现一些基础性的错误，最主要的还是忽略标点符号，有的学生一逗到底，就最后一个句号，还有的学生在写语言描写时，知道后面写个冒号"："，却不记得要标双引号。这些看似就是几个标点符号的小问题，但决不能听之任之，毕竟谁也不知道最后会不会积羽沉舟。当然，这是学生在起步作文中常见的问题，因为在逐渐规范化表达中，学生会不断地"试错"与改正。

【田野观察驿站】

（一）

重复的消失

三（4）班　梓澄

下午第四节课时，老师让一个同学去办公室拿学单。

然后有趣的事情发生了。

老师叫去办公室拿学单的那个同学好久都没回来，老师担心那个同学，就叫了另一位同学去找刚才那个同学。

找着找着，帮老师拿学单的同学回来了，去找第一个同学的同学又不见了，老师又有一点儿担心，另外叫了一个同学去找刚才的那个同学，结果还是一样，刚才找的那个同学回来了，找他的同学又不见了，最后那个同学回来了。由于每个人都去了好久，而这位同学十分钟就回来了，所以老师让我们给他鼓掌。

田野小记：标题很有趣，开篇交代了事件的起因，把课堂上发生的事简单明了地表达清楚。如果能再重点写一下这件事特别或有趣的地方就更好了。

（二）

有趣的小事

三（4）班　杨璐

伴随着一阵优美的铃声，语文老师捧着书本缓缓走进教室。

一声响亮的"老师好！"之后，这一堂不怎么平静的语文课开始了。首先，骆老师带我们复习了前面所学到的内容，并叫我们回答。随后骆老师想让我们做随堂小练，但发现没有带，于是想请一位同学去德育处办公室拿练习卷。晓瑜自告奋勇去拿卷子，但好久都没回来，于是骆老师叫了一个人去找她，但还是没有回来，于是老师又叫了一个人去，过了几分钟，还是没回来，还剩二十几分钟就要下课了。这时，晓瑜回来了，骆老师问："你看到其他两个同学了吗？"晓瑜说："没有看到。"这是咋回事呢？原来，晓瑜去错了地方，去了三年级老师办公室，而那两个同学去了德育处，弄巧成拙，没找到晓瑜就只能返回教室。这在我们班里成了有趣的小事。

我觉得从这件事中，我学到了做事前问清楚，才能避免一些错误。

田野小记：开头用声音导入，交代了时间和地点。文中运用了丰富的语言描写，将事件的经过清楚地表达了出来。在结尾处，还加入了自己从这件事中得到的启示。如果中间部分能够再分成几个小自然段就更好了。

（三）

有趣的语文课

三（4）班　颢霖

今天，班上出现了一件非常好笑的事。骆老师正在上语文课时，发现忘记拿学单了，派了一个人去德育处拿学单。我想：学单明明在办公室啊。正在这时，骆老师又叫了一位学生去办公室拿学单。不到几分钟，那位同学顺利地找到了学单。有一位同学糊里糊涂地往办公室走去。这时找到学单的同学回来了，我们顿时哄堂大笑起来，笑那位同学稀里糊涂地去找学单。骆老师预言说：如果那位同学几分钟后回来的话，就是聪明能干的学生。话音未落，那位同学两手空空地走了进来。骆老师说：你果然是一位聪明能干的学生。

我觉得这真是一节有趣的语文课啊！

田野小记：这位同学在文章中加入许多细节描写，如人物的语言、心理等，还学以致用地将之前学过的成语运用其中，真不错。但该同学还不是很会分段，且标点符号使用错误。

（四）

有趣的寻找

三（4）　沛瑶

今天，是非常有趣的一天，这个有趣到底是什么呢？对啦，就是找人，可是找人有什么有趣的事呢？等一下你就知道啦！

教室里，骆老师正在给我们上课，老师叫了一个同学去拿学单，还说了在上面三年级办公室。不知道这个同学是没认真听还是听不清楚，居然跑到了德育处！结果，我们班同学在教室后面找到了学单。可是那去拿学单又稀里糊涂的同学呢？哎，不见了。

于是，骆老师又叫了一个同学去找她，怎知，那个同学又自己回来了。找她那个人又不见了。不久，后去的那个同学就飞快地跑回来了，并且他得到了表扬。

这次的经历真奇妙啊！

田野小记：文章开篇很吸引人，到底发生了什么趣事呢？让人忍不住想看下去。中间部分将事件描述得很清楚，小作者在结尾发出了感叹。

两个三（4）班的生日会

三年级上册第四单元是"策略"单元，要求学生通过课文学习掌握"预测"这个"策略"，并在习作中使用"预测"的方法，有依据地进行续编，让续编故事更合理。

在本单元的第一篇课文教学基础上，我借助《总也倒不了的老屋》这篇课文，引导学生总结本单元的重点之一"预测"的方法。学生结合之前对课文的学习，再通过老师对重点语句的提示，很快就总结出了"借助插图、题目、文章线索""结合生活实际"等预测方法。然后，在《胡萝卜先生的长胡子》《小狗学叫》两篇课文的学习中，让学生边读边猜，还进行有创意的猜测。接着，让学生们学以致用，用这些方法去完成第四单元的习作。

一、本校三（4）班的生日会

第四单元的习作，是给出三张图片，要求学生根据前三张图片内容猜测接下来的故事。学生认真观察了前三张图片，很快就得出"过生日"这一主题，也知道这一次的作文是要写一件事。要想把事情写清楚，就得先仔细观察，看看图上都有哪些人，他们在干什么，接着要展开想象，预测怎么给李晓明过生日。

首先，我让学生说说三张图片的主要人物都有谁，为了统一，图中的人物都起了名字。学生在起名时都在踊跃发表着自己的建议，最后除了题目中已经给出的"李晓明"外，给另外的一男一女两位学生起名"李小小""王大聪"，名字定下来后，很多学生都忍俊不禁。

要想写好一件事，记叙文六要素是缺一不可的。学生借助书中的图片明确了时间，地点是在下课后的教室里，人物是班级里的学生，起因是学生在谈论过生日，而李晓明却沮丧地坐在一边。最重要的事件经过和结果就需要学生大胆又合理地去预测了。

接下来，老师带领学生重点分析了续写故事的重要部分，也就是李晓明过生日的经过。那要怎么把经过写具体写生动呢？我在PPT上展示了一张思维导图，让学生发散思维。关键词有"生日""外地工作""快乐""同学"等。同时我让学生结合自己过生日的实际，思考同学们会为李晓明的生日做些什么准备，老师又会干什么，李晓明的心情又是怎样的。学生的思维碰撞在空气中爆发出火花，讨论气氛异常热烈。有学生说在教室里办一个生日会，有学生说去李晓明家里给他庆生，有学生说要给他一个大大的生日蛋糕，还有学生说可以办一个集体生日，想象力十分丰富。这节课在学生的讨论声中结束了。课后，老师布置学生回家将故事续写完整。

在第二天的语文课上，我先是展示了一张作文图片，让学生进行田野小记，学生很快就发现了这篇作文的不足是需要详写的地方没有详写，想表达的事件也不够明确。老师就让学生自己小声读自己的作文，并运用学过的修改符号对作文草稿进行修改。我在后面巡堂时发现，学生修改得都很认真，有的注意到自己的标点符号用错了，有的能通过自己小声读发现语句不通顺的地方，还有的学生对自己的作文进行了补充。

最后，老师让小组之间互相分享自己的作文，选出一篇写得最好的。在最后的全班分享中，我发现学生的创造力还是很丰富的，我看到这篇作文图片时想到的只是全班学生在班级里给李晓明办一个生日会，而班里的学生却能想出全班学生去动物园、去操场等地方给他过生日。这就不局限于教室这一个场景了。

二、广州三（4）班的生日会

前段时间，我收到广州开发区第一小学的邀请，要给他们的老师展示一节作文评讲课。内容就是第四单元的这个续编故事。在自己班试教后，发现了部分学生不能写具体过生日的情节，修改也不到位。我调整了部分设计后，就奔赴广州上课。

到达会场我才知晓，原来这个班的学生也是三（4）班的。这真有缘！更为有缘的是，广州学生呈现出的问题，与本班学生呈现出的问题类似。这就为我本节课的展示打下了信心基础。广州三（4）班的老师已经讲解了图意，并让学生写了草稿。本节课的重点就是教会学生修改作文。

课堂上，我从三（4）班的缘分谈起，再由现实中友爱团结的两个班切入习作图片中的那个班。然后，带领学生回顾习作要求，看懂图意。从插图入手，让学生打开话题，畅所欲言。逐步推理人物的神态、心理与环境的变化。接着带领学生齐读习作标准，了解课堂目标，复习修改符号的种类。我以"病文"示范，引导学生思考如何写具体"生日的情景"。

特别的是，提到可以对生日过程使用"分步骤拆解"的方法，把过生日拆分为8个步骤。这个课堂操作细节，是在本班上课所没有的内容。从广州所给的文章以及本班实际看，学生对如何过生日还不是很清晰，需要老师进行梳理。

接下来，我针对病文开具"处方"，以"列提纲"（梳理出的过生日步骤）作为习作支架，用三种修改符号，指导学生动手进行习作自评。最后，再次通过组内评改，推荐出组内佳作公开分享。

三、两地修改的效果

广州学生在课堂上的评改经过两个过程：一是自评自改，二是互评分享。因此，学生的修改效果较为理想，基本都达到五处。对于把过生日的过程写清楚这个要求，大部分学生都能达到，但有三四个学生没有能够写清楚，需要进一步指导与帮助。对于叙事新颖这个要求，广州学生会更好地利用电视来播放生日歌、视频，让家长参与，表演更多的节目。

而本班学生收上来的作文统计结果如下：

	人数	字数	人数
三段以上	33人	超过300字	11人
五处修改以上	24人	超过400字	19人
表达清晰	23人	超过500字	9人
叙事新颖	8人		

本班学生这次习作基本都学会了合理分段，能够按照事件的发展进行分段。但有几位学生把三张图片的内容写在同一段，导致文章开头太长，显得累赘。还有一位学生一句话一段，不会合并段落。

关于如何庆祝李晓明生日的部分，学生从不同的方面进行了详写，有的详写了班级学生是如何商量的，有的详写了和老师的讨论，更多的还是选择详写班级学生是如何分工协作，布置班级，给李晓明一个惊喜的。而且学生的想法也很新颖，给李晓明过生日的地点除了常见的教室和家里外，还有动物园和公园。瞒着李晓明给他准备惊喜的方式也五花八门，有借口老师找李晓明的，还有的是拿走李晓明的作业本，设计作业本再次出现给他惊喜的。而这些方式明显与广州的学生是不一样的。

总的来说，本班这次续写故事情况较为理想，大部分学生都能掌握叙事的六要素，想象力很丰富。

【田野观察驿站】

（一）

李晓明的生日会

梓赫

今天，是一个好天气。下课时李小小和王大聪一起讨论刚刚过的九岁生日。李小小说："我上个星期过九岁生日，妈妈给我买了一个很大的蛋糕。"王大聪说："我也是刚刚过了九岁生日，生日那天是我们全家人一起过的。"李晓明想：我也快过生日了，但是爸爸妈妈都在外地工作……

王大聪知道了李晓明的情况就和李小小说："李晓明爸爸妈妈都在外地工作，我们可以……"

王大聪和李小小一起到办公室和班主任说明了情况，班主任李老师说："他什么时候生日？"王大聪说："明天。"李老师说："明天，我给你们一节课的时间。"王大聪和李小小说："谢谢你，李老师。"

今天是个好日子。李小小、王大聪、花花、红红……一起布置教室。"李小小准备零食，王大聪准备气球，花花你去拖延李晓明的时间，红红你去……"花花说："李晓明，你闭上眼睛，我带你回教室。"李晓明不知道大家给他准备了惊喜。

花花回教室躲起以后就叫李晓明睁开眼睛。李晓明看到教室黑黑的没有人就开了教室的灯。"生日快乐。"大家开心地说，李晓明很感动，也很开心。大家就为李晓明唱起了生日歌"祝你生日快乐，祝你生日快乐……"唱着唱着就给李晓明戴上了生日皇冠。接下来就是吃蛋糕了，全班一人一块蛋糕，真美味！吃完蛋糕后，大家都送上了礼物和祝福。

啊！这真是一个有趣的生日啊！

田野小记：文章根据图画展开想象，对人物的语言进行了细致的描写，将同学们对李晓明的关心表现得淋漓尽致，体现了同学间的友爱互助。

（二）

最高兴的一天

芯怡

周一早上下课后，同学们聚在一起讨论自己过九岁生日的事。其中有一个人听着听着默默地离开了，他就是李晓明。只见他一个人回到自己的座位上，坐在课桌前，注视着窗外，自言自语道："我也快过生日了，但是爸爸妈妈都在外地工作，没办法回来陪我过生日。"同学们知道这件事以后，纷纷议论起来。李小小说："李晓明的爸爸妈妈在外地工作，没办法给他过生日，我们可以为他举办一个生日会，给他个惊喜。我们要这样……再这样……"

到了李晓明生日这天，同学们有的买了气球、彩带、生日帽，有的带来了礼物，还有的带来了生日蛋糕。李晓明看见同学们拿了那么多东西，就问王大聪："你们拿这么多东西干什么呀？"王大聪说："我们要给班里的一个同学过生日。""哦……"李晓明失落极了，伤心地独自离开了。放学后，李小小让同学们先别走，随后拉上了窗帘，教室里黑乎乎的。这时，李晓明走进教室刚想开灯，突然听到旁边有人唱起了"生日快乐"。随着音乐响起，灯亮了起来，几个同学端着蛋糕从教室外走了进来，同学们一起大喊："李晓明，生日快乐！"李晓明愣了一下，随后流下了感动的眼泪，对同学们说："谢谢你们给我过生日，今天是我最高兴的一天！"

田野小记：小作者经过修改，将文章段落分得更加合理。文章将同学们布置教室的热闹与李晓明的失落进行对比，引出后文同学们为李晓明庆祝生日的场景。

（三）

李晓明的生日

乐颐

早上，下课时几个同学们围在一起，李小小说："我上个星期过了九岁生日，妈妈给我买了一个很大的生日蛋糕，我的家人都送了我很多生日礼物。"王大聪说："我也是刚刚过了九岁生日，爸爸、妈妈、姐姐、妹妹和哥哥都送了我最喜欢的生日礼物，生日那天是我们全家人一起过的。"只有站在一旁的李晓明一言不发。

李晓明想：我也快过生日了，但是爸爸和妈妈都在外地工作，没空陪我一起过生日了。他想到这些，心里很难过。

自习时，王大聪对李小小说："李晓明的爸爸妈妈在外地工作，我们可以为他庆祝生日！"李小小说"好呀。"

李晓明生日那天早晨，同学们早早地来到教室布置，有的吹气球，有的摆放蛋糕。李晓明一走进教室，同学们立刻围过去说："李晓明，祝你生日快乐！"他惊喜万分，流下了眼泪，感动地说："谢谢同学们和老师为我过生日，我很开心！"切了蛋糕后，他发了照片给爸爸妈妈看，他们流下了眼泪。然后，他许愿：以后可以和爸爸妈妈一起过生日。

田野小记：这篇作文字迹工整，叙事完整。文章开头同学们的热烈讨论与李晓明的一言不发形成鲜明对比，为后文埋下伏笔。后面具体描写了同学们怎么布置教室，字里行间都流露着同学们之间的深厚友谊。

（四）

难忘的生日会

瑞峰

"丁零零"，下课了，大家又一起谈论有趣的事。

今天谈论"大伙怎么过生日"这个话题。李小小高兴地说："我上个星期过九岁生日，妈妈给我买了一个很大的蛋糕。"王大聪也开心地说："我也刚刚过九岁生日，那天是我们一家人一起过的！"李晓明听到这些话后，默默地走开了。他回到座位上，望着窗户想："我也快过九岁生日了，但爸爸妈妈在外地工作，咋办？"

细心的王大聪发现了李晓明有些闷闷不乐，他偷偷和李小小说："李晓明的爸爸妈妈在外地工作，我们可以这样……那样……"

过了几天，李晓明的生日到了，李晓明被单独请到办公室里和老师交谈最近的学习情况，同学们趁机布置好教室。李晓明一走进教室，灯光灭了，一片黑暗中，一根蜡烛点亮了，同学们大声唱着"祝你生日快乐……"李晓明高兴地说："谢谢你们！"大家送上了准备好的小惊喜，李晓明切了蛋糕，许了愿望。大家吃吃喝喝，欢声笑语在教室里回荡，李晓明心里感到温暖极了。生日会结束后，李晓明感动地说："谢谢大家，让我在这个温暖的教室里过了一个难忘的生日。"

田野小记：小作者对前三幅图片进行了细致的观察，对人物的心理、神态把握得很好，在此基础上展开想象续写故事，把故事表述完整。

轻重难分的"失而复得"

观察周围世界，似乎很容易。然而，对三年级学生来说，有目的地观察周围事物，却非易事。因为很多动态的事物，往往一晃而过，无法反复出现让学生仔细观看。对于广阔的生活世界来说，可用来观察的东西就太多了。要培养学生观察的习惯，提高学生观察的能力，还需要让学生在特殊的事件中加以练习才行。所谓特殊的事件，指的是与常态不一样的，比如突变的天气、突发的事件、突起的情绪等。今天所发生的"失而复得"的信息课，就是其中一例。

一、失而复得的信息课

学校对阶段教学情况进行评价，采取练习的方式。在英语练习核验的时候，老师们发现难度太大，超过目前所学，所以延后进行英语练习。练习取消了，课堂就要正常进行。按照常规检测看班安排，是由我去看管学生的。我来到教室后，发现学生已经知晓取消练习的事情，正开心着。

"拿出语文书……"

我的话还没有说完，就听到教室里传出此起彼伏的抱怨声。随着我的面色一整，学生们就变得乖了很多。随即，我准备将之前没有收尾的内容讲一下。

"老师——"

学生的话,让我很惊讶。转头一看,原来是信息实习生。我以为她是来看班的,就告诉她不用看了,由我来负责。她听了后,就转身回去。学生猛涨的热情,突然就歇了下去,如瘪了的气球一般,显得有气无力。我调整了一下后,课堂教学就继续了。

可没过一会儿,实习生又来了。

"林老师说,这节课是信息课,我要带学生去上。"

"好的,那就让他们排队。"

班级里爆发出的声浪震天,学生们可开心了,以最快的速度拿好书排队,生怕我把他们留下似的。

下午布置作业的时候,我就以"失而复得的信息课"为题,让学生写随笔。

二、轻重难分的记录

本以为"失而复得"的体验,让学生印象深刻,从而能够写出这一经历。然而学生所呈现出的随笔,却让人不满意:运用细节描写的人多,但写清失而复得细节的人少;把信息课上课过程表达清晰的人多,但写失而复得过程的人少;匆匆观察的人多,细致观察的人少。本次随笔的统计情况如下:

全班	45人	百分率	完成情况	人数	字数	人数
未交	1人(请假)	2.22%	三段以上	24人	超过100字	16人
符合	19人	42.22%	细节描写	25人	超过200字	18人
偏题	24人	53.33%	表达清晰	29人	超过300字	20人
离题	1人(当天请假)	2.22%	细心观察	17人		

具体来说：

第一，瞬间观察不够细致。很多学生写的是信息课上干了什么，对"失而复得"那一瞬间的情形观察较少，大多只是简单说自己很开心或班里同学很兴奋。从随笔来看，学生对那一刻的情绪体验还是很深刻的，但学生对那一刻情绪所外显的动作、神态、语言的观察是忽略了的，或者说是不在意的。这既与学生的观察习惯有关，也与观察"复盘"有关。

第二，基本过程叙述清晰。能写出"失而复得"的同学对事件的描述比较清晰，基本能交代是由于英语考试取消了，骆老师过来准备上语文课，信息老师过来后又改上信息课了。有部分学生还观察到了班主任问骆老师来不来上课的动作。即使是偏题学生（主要写信息课上干了什么），基本也达到了表达清晰的程度。

第三，细节描写不够重视。此次随笔中，学生的体验是深刻的。深刻的体验，是需要在细节上体现、描写上着力的。只有部分学生注重了多个方面的描写，内容涉及老师的语言、同学们的情绪，有几个同学还重点描写了信息老师的外貌。虽然学生的描写还不够生动、准确、形象，但对三年级的学生来说，简而化之地用是可以的。

第四，偏题写作较为严重。这一次的随笔偏题严重，原因有多个方面：首先是学生对描写的重点把握不准；其次是我对随笔的引导不够，没有强调重点放在哪里；最后是学生对题目的理解不够，导致轻重不分。

从此次随笔看，今后布置随笔时，要重视对学生的引导，只有引导到位，学生才会沿着引导的方向发展。

【田野观察驿站】

（一）
失而复得的信息课
杨璐

今天，要考试。一大早，大家就在认真地读书，考试铃响了，老师在发完试卷后就叫我们开始答题。

考完语文后，过一会儿就考英语了。但老师忽然通知说："先不考英语了。"这突如其来的通知让我们大吃一惊。随后，老师让我们的语文老师——骆老师来上课。但骆老师是个有信用的老师，他还是按课程表来上课。

于是他说："你们这节课是信息课"，所以就叫我们去上信息课了，这让我们欣喜若狂、激动万分，这节失而复得的信息课让我们很开心，所以这天还是很高兴的呢！

田野小记：这篇作文叙事完整，注意到了同学们情绪的变化，从得知考试延迟的吃惊到知道可以上信息课的欣喜若狂，描写得很到位。但缺乏细节描写，如果能对同学们的反应进行更细致的描写会更好。

（二）
失而复得的信息课
盛豪

今天考完语文后，骆老师就从办公室下来上语文课，但骆老师忘记了这节本来是信息课，然后信息老师过来了。骆老师见到信息老师，说："这节不是语文课吗？"骆老师看了看信息老师的手机，才知道这节是信息课。

最后，我们全班拿着信息技术书，高高兴兴地排队上信息课了。

在去上信息课的路上，我看到风在跑步，小草在和我招手，我觉得今天上信息课非常开心！

田野小记：文章不长，但故事叙事完整，文笔也较流畅。文章最后用拟人的修辞手法衬托出"我"上信息课的开心。

（三）
失而复得的信息课
梓澄

今天早上刚考完第一场，准备第二场考试的时候，屈老师一过来就和我说："第二场不用考，下午再考。"还叫我们把书包拿回来，读英语。屈老师还说，她问一下骆校长有没有空，有空就让他给我们上语文课，没空我们就自己在教室里读英语，复习英语，准备下午的英语考试。

我们读到一半的时候，屈老师进来和我们说："我们现在先读英语，等骆校长来上语文课。"然后我们又开始读英语了。

骆校长来了，还没等校长说完一句话，信息老师就来了，说这节本来是她的课，然后骆校长就叫我们所有人，拿好信息技术书，出去排队。同学们开心得又蹦又跳。骆校长看见我们这么吵，就说："十秒，安安静静地出去排队。"然后我们安安静静地拿书就出来排队了。

田野小记：这篇文章用老师们的语言将事件的经过展现在读者面前，小作者还细心地观察到了班主任的举动。但文章涂改较多，有待改进。

（四）
失而复得的信息课

梓赫

今天，我们考试，但我很难过，因为第二场考英语，而考英语占了第三节课：信息课。

这时屈老师站了出来，说："上午不考英语了，英语老师让骆老师上语文课，拿出语文书。"

本来听到"不考英语了"，我的心情立马由"阴转晴"，但听到后半句，又变成了"晴转阴"。

骆老师来了，他并没有上语文课，而是说："同学们，你们作文字数达标了吗？"

同学一起说："达标了！"

骆老师说："那好，我来点一下人数。"

"第一组三个，第二组……"就这样，骆老师点了十几个没达标的同学，他很失望。

这时，一个不认识的老师走过来，在门口喊："骆校，你出来一下！"

骆老师走了出去："什么事？"

老师说……（我也不知道他们在说什么。）

骆老师说："好的好的。"然后骆老师走进教室说："不上语文课了，上信息课！"

"啊，太好了！"同学欢呼起来。

我这才知道这老师是新来的信息老师。那原来的信息老师呢？哎呀，管他呢，只要能上信息课就行了！

如果你要问我喜欢上什么课，嗯……我也不知道。但你要问我最喜欢上什么综合课，我一定脱口而出："当然是信息课！"

田野小记：这篇作文字迹工整，叙事清晰，有着丰富的语言描写，对同学们的情绪变化观察仔细，且能通过文章表达出来。

PK感受真特别

"不拘形式地写下感受",其前提是有感受。而对三年级的学生来说,一般感受是难以留下深刻印象的。那怎样才能留下深刻的感受呢?这就需要调动情绪,因为情绪是感受的外显。当在设计教学环节或生活场景的时候,注重激发学生的情绪,其感受自然就深刻,进而就能写下这种感受。

感受往往是清晰的又是模糊的。清晰的是有感受,模糊的是具体的细微部分。如何才能让学生把模糊(一激动就忘记了)变得清晰呢?这就需要在活动中强化环节意识,强化学生的关键点意识。

对三年级学生来说,男女生的对抗赛最能激发他们的情绪。只要老师稍微"撩拨"一下,学生就能形成大的局面。

一、成语接龙PK赛

前期,我下发了成语接龙资料,让学生自由背诵。在比赛前的早读课,我又组织学生反复读、背。在我的带领下,大部分学生都会背了,我也会背了。于是,我就郑重其事地宣布进行成语接龙PK赛。

在比赛开始前,我将全班分为男女两大组,并让男生全部坐在左边,女生全部坐在右边。物理空间的分割,可以更好地营造气氛,增强体验感。等全部人落座后，我就讲比赛规则。为了显得很正式，我还在班里选出了一名裁判员来判定、统计双方得分情况。

"同学们，都清楚游戏规则了吗？"

"清楚啦！"同学们异口同声地回答道。

"那么……三（4）班第一次成语接龙比赛……正式开始！"

第一轮是抢答赛，老师说一个成语，男女双方不需要举手直接进行抢答，由裁判来判断谁最快说出正确答案。"第一个成语是——一字千金。""金枝玉叶！"有一位男生迅速说出了答案，男生拿下第一分。老师又说"叶公好龙"，女生语速很快地说了个"龙马精神"，为女生队加了一分。"第三个是……"我在第一轮共出了5道题，男生以胜出1分暂时领先。在第一轮比赛结束后，所有男生都欢呼起来，甚至有位男生直接站起来摆动双手，像在打鼓庆祝一样。当第一轮结束后，我让学生回答刚刚这一轮比赛叫什么名称？通过这样的问答，几乎所有学生都知晓了第一轮比赛的名称、内容。此外，我还抓住"站起来摆手的同学"，学他的样子，让学生印象深刻，化短暂印象为反复感受。

第二轮是针对赛，双方队长选出5人参赛，轮流出题，哪方回答得多哪方就获胜。这一轮让暂时落后的女生先出题，有位女生说了一个"酸甜苦辣"，对面的男生面面相觑，回答不上来。看着对面的男生说不出答案，有位女生手舞足蹈笑得眼睛都眯成了一条缝。等女生全部问完后，老师说"到男生反击的时候了！"所有男生都兴奋起来，摩拳擦掌，想要"一雪前耻"。结果，"理想很丰满，现实很骨感"，很遗憾，男生最后还是没有把落后的分数追回来。这时候，双方的氛围就是冰火两重天，男生这边安安静静的，个个都不说话，女生这边则个个都是喜笑颜开，喜悦之情溢于言表。我故意用"反击""报仇"等词，就是要把男女生的情绪调动起来,让现场更有氛围感。

第三轮是长龙赛,双方各派出两位代表接龙,哪一方回答不出来,哪一方就输。男女双方你一言我一语地接龙,但这一轮很快就结束了,因为同学们接的都是背过的成语,基本都能回答上来。比赛陷入了循环,我也只能结束了这一轮比赛,宣布男女双方打了个平手。丰富的比赛形式,让学生充满好奇心,让一场比赛变得"新奇有趣"。

第四轮是升级赛,和第一轮的规则一样,只不过这一轮出的都是课外的成语,考验的是同学们平时的积累,但最后还是打了个平手。同学们纷纷喊着要再战一局,可惜下课铃响,我只好承诺下次再来一场。

最后,我和学生一起回顾四轮比赛的名称、内容。至于学生在体验过程中,是否能够进行认真观察,这就要看习作表现了。

二、止不住的表达

这一次的随笔统计结果如下:

全班	45人	百分率	完成情况	人数	字数	人数
未交	1人(请假)	2.22%	三段以上	37人	超过200字	10人
符合	44人	97.78%	语言描写	20人	超过300字	8人
偏题	0人	0	表达清晰	29人	超过400字	18人
离题	0人	0	细致观察	9人	超过500字	5人
					超过600字	3人

在这次的随笔中,学生所写字数超过预估。以往只能写完一面作文纸的同学,这一次也文思泉涌地写了400字左右,有位学生竟然满满当当地写了快800字。从字数的增加可以看出体验的重要性,深刻感受的重要性。

在分段方面,除了个别几个学生外,其他的同学都能按照四轮比赛的发展顺序进行分段，并将比赛经过讲清楚，使文章清晰明了。环节的清晰，就是思维的清晰，就是表达的清晰，就是"写清楚"的一个重要标志。

在对比赛进行描写时，同学们更多注意到的是比赛时同学都说了什么话，对于比赛时同学们的神态、对比赛结果的反应观察还不到位。这和人的注意力有关，因为在活动现场，最为引人注目的就是声音。除了表现特别的学生外，很难有更多东西能够吸引学生的注意。这也是今后作文训练的一个方向所在。

此次随笔，学生的语言描写明显比其他随笔好，我觉得原因之一就在于学生在大赛，是"真说"，是不用拼凑回想的那种"真说"——现场怎样说，就怎么写。

【田野观察驿站】

（一）

成语接龙PK赛

三（4）班　厚璋

今天上语文课，老师让我们来成语接龙PK。我们分成两组，男生队和女生队。

第一轮是抢答赛，骆老师说一个成语，哪个队先说就加一分，但要说对才行。刚开始，老师说一个成语，大家开始努力思考，结果都没想到。紧接着，老师再说一个成语，同学们再答，就这样，第一轮结束了，胜利的是男生队。男生高兴得都要蹦起来了！

第二轮是针对赛。两队的队长分别安排五人来比，男生队五人，女生队五人，其中都有队长。比赛开始了，女生先来，是"酸甜苦辣"，没有男生答上来；第二个，海阔天空，也没有男生答上来；第三个，男生没答上，后面两个也没答上，最后到男生反击了！也是一样，不过我们女生队一个女生答上来了！这一次是女生队胜！

到接龙赛，是两个人一队。第一次是男生队胜，第二次是双方打成平手，第三次，还是男生队胜，他们高兴得像猴子一样。

最后，到升级赛，老师出题，学生接，但是结果……还是平手。

最后的结果是平局！

太可惜了，连男生都要求再来一次，但老师说我们学多一点，再来第二次成语接龙PK赛。下次学多一点，一定打赢男生队！

田野小记：小作者将比赛的过程描写得十分详细，最后，还表达了对下一次比赛的期待。小作者对前两轮比赛描写得较为详细，略写后两轮，想必是当时沉浸于比赛，忘记仔细观察了吧。

（二）

紧张时刻

三（4）班　梓赫

今天，我们早读时，在读成语接龙。为第二节课语文课做准备。

转眼间，第二节课马上就到了，老师在黑板上写"成语接龙PK赛，2023年11月9日"。

我很紧张，怕我们男生队会失败，但结果令人吃惊。

"第一轮，准备开始！"紧张、害怕从我心里越冒越多，快要将我吞掉。

但老师又说："哦，还要先选队长。"

我成功当上了队长，而我的对手是女队的何诗瑶。

"比赛正式开始！"第一局是抢答赛，男生VS女生。

当老师说："好，预备……一字千金。"

我们男生立马举手，女生都愣住了，过了一会儿才反应过来。

但我们已经举手了，所以老师说："是什么呢？"

"金枝玉叶！"男生说。

"答对，加一分。"老师说。

"耶！"男生们欢呼起来，我们都很开心。

"好，第二个……巧立名目。"

"我"声音从女生队发出，是叶家琪。

"目瞪口呆！"

"答对，加一分！"

"太好了！"她们一阵欢呼。

"第三个……盗亦有道。"

"道貌岸然。"说话的是陈子轩，他为我们队又加了一分！

"第四个……章句之徒。"

"徒有虚名！"

"耶！"队长，也就是我说出的，为男生又加了一分。

现在的情况是：男：3分；女：1分。我们暂时领先。

"OK，到了第二局'针对赛'了，请队长在自己的队伍选出五名同学做代表。"

我选了罗棕源、陈子轩、启亮、瑞峰！还有一个不知选谁，所以我也参与进来。

女生有诗颖、芯怡、诗瑶和沛瑶……

"比赛开始，女生队先来。"

芯怡是第一个。所以她选了……我！只听她说了一个我完全不知道的成语："酸甜苦辣"。

这我哪答得出呀，于是女生加了一分。

第二个诗颖……但他也没答出，女生又加一分。

就这样，现在是男：14分；女：5分。

第三局，接龙赛，队长选两个人做代表！

现在男：6分；女：8分。

"最后一局，特别赛！"

结果公布了！男：9分；女：9分。我们打平了。这个结果真令人意外。

田野小记：这篇文章主要运用了语言描写将比赛过程展示了出来，中间穿插着对同学们的神态描写，文章十分生动。

（三）

成语接龙PK赛

三（4）班　泳珺

老师说："今天有成语接龙PK赛，第一轮抢答赛，第二轮针对赛（4对4），第三轮长龙赛（2对2），第四轮升级赛（老师出题，学生接）。"

第一轮开始了，老师说了一个成语，忽然我们男生队的小陈答对了，老师说："男生队加1分。"我们一起欢呼起来了，有的说："耶，我们赢了！"还有的用手挥来挥去，后来接啊接啊，终于5次完了，我们男生赢了！

第二轮开始了，我们男生队有小李、小陈、小扬、小罗，女生队有小何、小麦、丽丽、兰兰，小麦出了难的，我们谁也没答上。老师说："女生加1分。"我们很不开心，出啊出啊，终于到了报仇的时候，我们出了一个难的，女生队答不上来。老师说："男生加1分。"我们开心了。

第三轮开始了，男生队由小杨、小陈出战，女生队则是小何、小麦迎战，结果女生胜利了，我又不开心了。

第四轮男生队赢了！

田野小记：文章按照比赛的顺序进行分段，清晰明了。小作者观察细致，对同学们比赛得分时的神态、动作、语言进行了仔细地观察，并将其展示在作文中，让读者也能与同学们感同身受。

（四）

成语大PK

三（4）班　诗颖

今天早上，骆老师说："这节课来一场成语接龙PK赛。"

于是，我们班分成男女两队，第一局开始了，是抢答赛。队长何诗瑶请了麦芯怡、梁沛瑶、叶家琪，当然还有我！

第一局是抢答赛，男生提了几个女生来比拼，第一个男生选了第一个女生，男生说"自言自语"，女生接不上，有一个男生兴奋极了，在座位上像猴子一样。到倒数第二个女生竟然答出来了，女生加一分！最后一个女生时，男生作弊了，女生轻轻松松拿了第一名。

第二局是针对赛，男生队里选了5人，女生队里选了5人，于是两个队开始比了，他们就这样你一言我一语，这场比赛是男生胜利，他们高兴得跳起舞来。

第三局是接龙赛，女生队选了两个人，这次女生胜利了。

第四局是升级赛，老师提了五个成语让男女生抢答，经过了好几分钟，最后最刺激的是数分数，结果是平局！

田野小记：小作者对比赛时同学们的动作进行了细致的描写，还运用了比喻的修辞手法，将同学们领先时的兴奋生动形象地展示在读者面前。

三观香蕉园

三年级上册第五单元是统编教材的第一个习作单元。习作单元的追求,就是所有内容都是为了写出符合目标要求的文章。对于单元选文的学习,重点在于习得表达方法,留心周围的事物,学会习作观察。

两篇精读课文《搭船的鸟》《金色的草地》,让学生看到了什么叫留心观察,什么叫发现变化,同时也在留心观察的基础上明白如何进行细致观察。观察需要主动,需要多种感官,还需要想象,需要全身心投入。习作例文《我家的小狗》《我爱故乡的杨梅》,选材贴近儿童,以生活中常见的动物、植物为描写对象,来表现世界的五彩缤纷。

对本单元的习作来说,观察是表达的源头活水。可对学生来说,这种有意识的观察,并且还要细致观察,就是难上加难了。如何突破呢?

一、三次观察看变化

缤纷世界太缤纷。让学生写最近观察印象最深的一种事物或场景,容易被学生简化为写一种事物或场景。为了避免出现这种问题,也为了更好地落实本单元的要求,我设计让学生进行集体观察。

观察什么呢?

我走遍校园,发现香蕉比较容易观察,且就在教学楼下。观察的方法、角度等，需要在实地讲解才更有效。因此，出发前，我只讲了纪律。

整理好队伍后，我指导学生开始第一观——远观。看颜色、看形状，再开展想象。学生的想象比较特别，有说香蕉像回旋镖的，有说像糖葫芦的，叶子基本上都说是像扇子。不仅要看得到，还要说出来。只有这样，印象才深刻。远观，主要运用五感中的视觉、听觉。

随后，开始第二观——近观。往前走六步，靠近了香蕉。

"现在看到的香蕉和刚刚远观的有什么不同呢？"

引导学生发现香蕉在不同观察地点的变化，更有助于学生深入理解"细致观察"。香蕉形状的变化、味道的变化，乃至颜色的变化都是学生可以直接观察得出来的。近观，可运用视觉、嗅觉等。学生完成比较观察后，我就让学生进行第三观——贴近观察。因香蕉园场地有限，所以我先让女生进入观察，男生继续第二观——看刚才忽略的其他香蕉。进入香蕉园内，我让学生摸摸香蕉叶、香蕉，凑近闻闻香味，从香蕉串的底下往上看，多角度进行观察。女生看完后，再指导男生看。贴近观察，可运用视觉、嗅觉、触觉。三次观察，均无法品尝，因此现场的味觉体验是没有的。

三次观察完成后，回到教室，我特别强调："我们总共看了几次？"

"三次。"

"对。那我们在写的时候，要注意每一次观察最起码要写一段，三次起码要写三段，加上开头和结尾至少是五段。"

明确的段落要求，有助于学生形成表达意识与能力。之前的训练，看到班级有不少学生不会分段或不知道分段。这是正强化，反复地强调与训练，才能提高学生分段能力。当然，这次训练要这样做，后面的训练同样要这样做。当学生学会根据逻辑和表达需要来分段后，这样的强化训练才可以减少。

二、印象最深巧用感

清晰的写作对象，认真的观察体验，到位的观察指导，让本次习作的完成质量得以保证。统计数据如下：

全班	人数（共45人）	百分率	完成情况	人数	百分率
未交	1人（请假）	2.22%	三段以上	42	95.45%
符合	44人	97.78%	观察细致	39	88.64%
偏题	0人	0	三感以上	28	63.64%
离题	0人	0	写出变化	42	95.45%

从所交的随笔及修改后的大作看，存在三优三劣。三优：段落清晰，比喻丰富，主动修改。三劣：叙事写景存在偏差，词汇匮乏难描细致，多余叙述画蛇添足。

具体来说：

本次习作优秀方面令人欣喜。第一，段落清晰。因写前明确了段落划分，特别要求学生三次观察至少写三段，所以学生此次习作段落分明，基本上一次观察写一段。第二，比喻丰富。在观察时，我特别引导学生用比喻来说出感受。因此，在写出来的习作中，发现这一点掌握得比较好，提交的作业每个人至少用了一处比喻。第三，学生在抄写后的作文中能够主动修改。修改的内容包括改错别字、增补描述、删除啰唆语句等。从第三单元修改符号学习到第五单元作文使用修改符号，可以看出运用修改符号来修改作文成为学生的习作习惯。

而不足方面正好可以指引着教学方向。首先是叙事写景存在偏差。不少学生将我引导他们观察的过程写下来，甚至连男女生观察次序等都记下来。这些内容一两笔带过去就可以，然而学生却较为细致地讲述出来。这种方法是学《搭船的鸟》的，但没有学好。这就要求以后的习作指导以及课文学习，要重点关注哪些是必要写的，哪些是不必要写的。这是为今后选择材料和组织内容做准备。其次是词汇匮乏难以描绘细致。学生几次观察香蕉和香蕉叶，发现都是绿色的，没有描摹出颜色因远近关系而产生的变化。或者说，学生发现了变化，但不会表达不同绿色——学生缺少这方面词汇的积累。要改变学生会说不会写，或不会说也不会写的情况，就需要在课堂上给学生搭建词语方面的支架。最后是多余叙述画蛇添足。三年级倡导学生不受拘束地写，但不是要求学生天马行空地写。不少学生在结尾处容易画蛇添足，写了一些与主体内容没有太多关联的东西，比如回家吃香蕉、问读者有没有看过等内容。学生这样写，说明指导时要指明"豹尾"的含义，学会点明中心、总结全文。

【田野观察驿站】

（一）

香蕉

三（4）班　芯怡

今天下午，风和日丽。第一节是语文课，骆老师带我们下去看香蕉。

我们远远地看到香蕉又小又绿，像手指，而我们吃的香蕉又大又黄，我们看到的香蕉是"与众不同"的。

当我们近一点看时，香蕉变大了一点，像手一样大。再近一点看，感觉更清楚了。味道也很清香。

后来，骆老师让女生先进去看香蕉，我们站在香蕉树底下看着，香蕉更大了。香蕉的叶子非常大，都能遮住我们的身体了。我摸了一下，香蕉叶非常光滑。

骆老师说："女生先出，男生后进。"男生一听到"男生后进"就跑了进来，被骆老师骂了一顿。

后来，我们女生出去转了一圈，发现还有一串香蕉，那串香蕉实在太小了，像一支笔一样。这两串香蕉虽然都很小，但都挺稠密的，我觉得这样的风景真美！

田野小记：本文条理清晰，运用视觉、触觉、嗅觉写出香蕉的特点。小作者能够娴熟运用修改符号来修改文章。不过，中间关于男女生分开进入香蕉园的描写可以省略。

（二）

香蕉

三（4）班　梓桦

学校的香蕉又大又多。它短到和一支铅笔一样；它很多，多到数不清。

远看香蕉树，香蕉一串一串的，像市场上卖的糖葫芦，香蕉叶则像一把把小小的扇子。

近看香蕉树，香蕉像月牙儿，香蕉叶像大象的大耳朵。

靠近看香蕉树，下看香蕉像天上吊下了个手雷，上看香蕉像手枪，走近看香蕉叶像巨大号扇子。

我嗅了一下香蕉的味道，可香啦！香蕉树滑滑的，像妈妈的手掌一样。

香蕉有三种颜色：黄、绿、黑，黑的是发霉的，黄的是熟的，绿的是没熟的。

田野小记：小作者学会在开头总述，尽管不是很准确，然后简要叙述前两观，重点写第三观。本文的比喻运用比较好，特别是写香蕉树像妈妈的手掌一样滑特别传神。

（三）

我观察的香蕉树

三（4）班　厚璋

我最喜欢吃水果了，特别是香蕉，所以我要观察香蕉树。

远看香蕉树有两片枯叶，那枯叶像一片片扇叶。香蕉碧绿碧绿的，跟绿色叶子没什么两样。一串串很小的香蕉就像一串串冰糖葫芦似的，数也数不清。

近看香蕉树变得大了一点儿，我觉得大一点儿的香蕉就像一层一层的阁楼一样，枯叶变得更黄了，黄得像金元宝似的。

更近看香蕉，香蕉大了三倍，好像大大的小手轮或飞镖，还像小石板。我伸手摸了摸叶子滑滑的。

闭上眼睛闻了闻，香香的，香得比早点还香，还闻到一股茶叶味，还有听到同学吵闹的议论声。

田野小记：本文的"一串串""一层一层""滑滑的""香香的"等词语让文章读起来节奏感强，形象的比喻为文章添色不少。

（四）

我们校园里的香蕉树

三（4）班　梓赫

下午的一节语文课，骆老师说带领我们去看楼下的香蕉。当我走出教室时，立马就看到那一小片的香蕉树，心想：这么矮的香蕉树，有什么好看的呢？

走下楼梯，我远远地看，马上就愣住了。"哇，原来香蕉树这么高。大约有一层楼那么高，真像个小巨人。"

我走近看着，它的叶子依然是绿绿的，而其他的植物叶子早掉光了，这就是它的独特之处。它的叶子又长又大，像一把把大大的扇子，把炎热的夏天扇走了。秋风吹过，叶子像快乐的小女孩一样，在风中翩翩起舞。

当我们走近香蕉树时，我看到了绿绿的、像水枪一样的香蕉。下面一圈的香蕉已经有手腕那么粗，快成熟了。而最上面一圈香蕉却只有手指那么细，像刚出生的小宝宝一样，特别招人喜欢。

我喜欢我们的香蕉树，它已经成为校园里独特的一道风景！

田野小记：本文不局限于单纯的三观，而是结合自己的感受写香蕉树的高大、叶子的独特。小作者对于香蕉的大小变化用一段来集中写，显得特别。结尾处的语言显得有力！

（五）

有趣的香蕉

三（4）班　沛瑶

今天，骆老师带我们全班人去看楼下的香蕉。

这里的香蕉还没有成熟，所以全部都是绿色的。

远看的时候，一大串香蕉像一枚枚手榴弹，摸一下它，都是滑溜溜的，还有一点儿硬。它们的大小不一，有的胖胖的，有的瘦一点儿，还有的肥瘦相间。

骆老师让我们走近几步，近看的时候，香蕉看得清楚了一点点，但样子比更近看的时候还相差一点儿。骆老师叫我们数一数香蕉的数量，可是香蕉太多了，所以数都数不清。嗅一下，泥土味和清爽的空气一下子就被吸入了鼻子里。"真香啊！"我忍不住说道。上面阳光很充足，下面阳光就没那么充足。

语文书中"生活中不缺少美，只是缺少发现美的眼睛"终于用上了。

田野小记： 文章条理清晰，表达流畅且准确。特别是香蕉的香味那几句描述很有画面感。比喻、排比、夸张等修辞，运用得比较贴切。结尾的引用显得俏皮可爱。

《富饶的西沙群岛》段落仿写

叶圣陶说:"语文教材无非是例子,凭这个例子要使学生能够举一反三,练成阅读和作文的熟练技能。"《富饶的西沙群岛》就是个"利用关键词句理解课文"的好例子,也是学生学习"围绕一个意思写"的好例子。

一、学例子要强化关键

《富饶的西沙群岛》是一篇优美的写景文,通过介绍西沙群岛的风景优美和物产丰富,表达了作者对西沙群岛的喜爱之情。而三年级上册第六单元的"借助关键语句理解一段话的意思"这一语文要素在课文中得到了充分体现。我在讲这篇课文时,重点强调了本文的写作结构。首先,让学生自行找出每一段的中心句,并从中心句归纳出本段要描写的对象,最后总结了文章是"总分总"的结构。

"读写结合,以读促写"这一教学方法被越来越多的教师运用到教学中,并取得了不错的效果。阅读是语言的输入环节——学生在阅读中积累素材,在对课文的分析中学习写作方法与技巧;写作是语言的输出环节——学生通过动笔,对自己所学知识进行实际运用,这也是对学习成果的一种检验。

我带领同学们领略完西沙群岛的富饶后，就借助课后的小练笔，让学生根据课堂所学，给每一幅图片都写一句中心句。我先给足时间让学生自行思考，然后将句子写在图片旁边。写完后，进行分享。通过分享，我发现部分同学对中心句的理解还不到位：学生能在第一句就指明要写的对象，却不能将这一对象的特点用几个词或一句话概括出来，而是对其进行了细致的描述。面对写得还不到位的同学，我及时进行了纠正。分享完，我就趁热打铁，修改中心句。对三年级学生来说，写一个较为复杂的段落是有困难的，只有进行分解训练才能达到更好的效果。

写完中心句后，我继续引导学生仔细观察画面，结合书中的相关段落，让学生把书中静止的画面变得活起来，以丰富的想象来写出各种物品的形态来。充分的交流碰撞后，我就布置随笔训练了。

二、仿例子不必拘泥

三年级学生的语言积累还不够丰富，观察力还不够强，如果要与高年级的仿写要求——结构、用词、修辞、字数一致，那就会"全军覆没"或"邯郸学步"了。因此，在对三年级刚起步的仿写中，神似好过形似，给予信心比给予套路更重要。

本次随笔统计结果如下：

全班	人数（共45人）	百分率	完成情况	人数	字数	人数
未交	3人（1人请假，2人未交）	6.67%	中心句明确	29人	超过100字	16人
符合	42人	93.33%	比喻	16人	超过200字	21人
偏题	0人	0	拟人	20人	超过300字	5人
离题	0人	0				

从随笔总体情况来看，大部分同学都能仿照课文进行描写，也能运用比喻、拟人等修辞手法，但还是有部分同学对于中心句理解不到位。第一句描述过于细致，显得累赘，让关键句概括力显得不足。

【田野观察驿站】

（一）

西沙群岛

三（4）班　盛豪

西沙群岛是海鸥的天下。岸上有一棵棵的树，树上栖息着各种海鸟。遍地都是鸟蛋呢。树下，堆积着一层层厚厚的鸟粪，这是非常宝贵的肥料。

海里则是蝴蝶鱼的天堂，成群结队的蝴蝶鱼在海里欢乐地游来游去，像一个个在幼儿园里的小孩子。

海里也是小丑鱼的家，小丑鱼的身体由橙色、白色、黑色组成，外表非常丑，但非常可爱。

田野小记： 文章每一段中心句明确，第二段运用了比喻的修辞手法，生动形象地写出了蝴蝶鱼在海里游动的景象，但如果第一段能加点自己的话就更好了。

（二）

海洋生物

三（4）班　诗颖

西沙群岛的海底，是海龟的天下，可爱的海龟在海底爬来爬去，在有洞的石头上穿来穿去，海龟虽然在海滩上爬得很慢，但是在水里游起来还挺快。海龟还有一个大大的壳，看起来挺威武。而且它的壳还挺硬，它还有一个尖尖的嘴，看上去和针一样尖。

西沙群岛的海面是鸟的天下。那里的海鸥有的是灰色的，有的是白色的，还有一些是黑白色的。西沙群岛的海鸥经常成群结队地去捕鱼。西沙群岛有一片茂盛的树林，树林里遍地都是鸟蛋，真想吃一下看看味道怎么样。西沙群岛的树林里面的地面上全是鸟粪，与众不同的是，这些鸟粪全是宝贵的肥料。

田野小记：文章每一段都有一句中心句概括本段的主要内容。在描写海龟和海鸥时，对课文进行了仿写，真不错，能够学以致用。如果能再注意一下标点符号的使用就更棒了。

（三）

可爱的海洋生物

三（4）班　乐颐

可爱的海龟在海里自由自在地游过来，游过去，好像在海里散步，又好像在一边散步一边捕食。多么有趣的海龟。海龟还常常在海底看风景，风景里有美丽的珊瑚、可爱的小丑鱼和美味的大龙虾。大龙虾对海龟来说是多么美味、可口啊！海龟找准时机，一口把显摆的大龙虾给吃掉了。可怜的大龙虾啊！

可可爱爱的蝴蝶鱼成群结队，有的在做游戏，有的在打闹，有的还在洞里睡觉呢！太有趣了。有一些蝴蝶鱼为了晚上有精神，所以早上睡觉，晚上活动。而有的是早上活动，晚上睡觉。海里有着各种蝴蝶鱼，太可爱了。

这真是可爱的海龟和美丽的蝴蝶鱼啊！

田野小记：文章每一段的内容都十分丰富，运用了多种修辞手法，使文章十分生动。但第一段中心句不明确，写了多种动物，是不是可以对其进行一个总的概括呢？

（四）

西沙群岛真美丽

三（4）班　瑞峰

西沙群岛位于海南西北部，是我国海南省三沙市的一部分。那里风景优美，物产丰富，是个可爱的地方。

海底里，蝴蝶鱼多得数不清，甚至闭上眼睛乱摸都能摸到。这些蝴蝶鱼有些鼓着个大眼睛乱游乱撞，有些在洞里躲着不出来，有些还在大口大口地觅食。

小丑鱼在海底的珊瑚丛中游来游去，可爱极了！全身上下有着软软的小黄毛，看上去好看极了！

海底的大乌龟看上去挺厉害的样子。背上背着个护盾似的壳爬过来，爬过去，像一名厉害的战士，在等待它下一个敌人。

这里的海面是海鸥的天下，满天的海鸥鸣叫着，飞着。树林中的鸟粪，是这里宝贵的肥料，不能浪费。

西沙群岛还真是美丽呀！

田野小记：小作者仿照《富饶的西沙群岛》"总分总"的文章结构进行写作，文章内容丰富，运用了比喻的修辞手法，使文章更加生动有趣。

（五）

大海中的"小动物"

三（4）班　梓赫

蝴蝶鱼在海里自由自在快活地一起玩，有的小鱼在和同伴一起嬉戏，有的小鱼在表演"才艺"——翻跟斗给其他小鱼看，还有的小鱼从高大的岩石上一跃而下，又很快游起来了！它还有点害羞呢。

海底的岩石上生长着许许多多的珊瑚，有的像绽开的荷花，有的像章鱼的触手。哇，快看，有两只小丑鱼在珊瑚群里你追我赶，像两只小蝴蝶在花群中开开心心地飞。

田野小记：小作者观察得很仔细，对小鱼的各种动作以及珊瑚的各种形态都进行了细致的描写。

围绕"一个意思"写的关键

围绕"一个意思"写身边美景，是三年级上册第六单元的习作要求。这个要求是继第一单元一段话写同学、第二单元按顺序写随笔、第四单元观图联想写故事、第五单元观察事物或场景后的一次提升要求。虽然，习作要求中"试着运用从课文中学到的方法，围绕一个意思写"明确说明是"试着"，但在习作指导中往往会把"试着"弱化，拔高习作要求。从整个习作指导看，学生经过读、看、写结合，是能够围绕"一个意思"写的。

一、读：理解关键语句

本单元所编文本有古诗和现代文，均指向"借助关键语句理解一段话的意思"。其中，古诗题目就是关键语句，提示所写景观是什么。而现代文就是写作的例文，给出围绕"一个意思"写的示范，特别是总分总的结构、一段话中围绕"一个意思"写的鲜明样式，能够给学生很好的引领。

《古诗三首》的教学，以读、说、背为思路进行。具体来说，就是：读诗句、想画面，解意思、说想象，背全诗、感壮阔。在教学过程中，学生的理解题目——关键语句，是随着内容而不断深入的。"天门山"的"天门"是怎样的？通过图片、视频及一叶孤舟的想象，学生能够化身李白感受天门的壮阔。讨论初晴后雨与淡妆浓抹的关系，以及和西子的关联，感受作者奇特的比喻。水光潋滟的西湖和山色空蒙的西湖的视频比较，让学生印象更深。洞庭湖的"望"，在月、湖、君山的彼此辉映下越发不凡。抓住题目来理解全诗，奠定了学生对关键语句作用理解的基础。

《富饶的西沙群岛》中对关键句"那里风景优美，物产丰富，是个可爱的地方"的理解，对学生来说并不困难。通过完成"风景优美"和"物产丰富"内容梳理的学单，学生能够理解文本。而对各个段落关键句的理解，则借助具体描写来完成。其中瑰丽无比的海水颜色，各种各样的珊瑚形态，能够让学生感受祖国山河的壮美。这也是习作指导的一个重点所在，即用比喻及丰富的颜色来描写所看美景。当然，在本课中，主要是积累课文的相关内容，为习作做好准备。

《美丽的小兴安岭》和《海滨小城》的阅读指导类似。通过变换的季节、地点，写出景物的特点。和《富饶的西沙群岛》相比，这两篇课文更重在写出景物的变化。如小兴安岭一年四季树木的变化，如海滨小城船的颜色变化、庭院与公园所种树木的变化。此外，两篇课文中段落里的关键句更有逻辑性，无论是四季顺序，还是由远及近与"更""也"的使用。对学生来说，这样的关键句更有助于写作。由此可见，编者编写教材时，充分考虑了学生不断深入理解的特点。

二、看：强化关键所在

习作指导中，给出的三个例子——操场后面的小花园、秋天的树林、池塘边的美景，都不符合我班学生的认知特点，因为这些都没有。那该怎么办？

"生活中不缺少美，只是缺少发现美的眼睛。"第五单元的导语解决了这个难题。在学校的校园中，存在着多种多样的美景。那么多的美景都要写吗？答案当然是否定的。我找寻了整个校园，发现菜园及其周边的景色，很适合本次习作。

带学生观察似乎很容易，然而汲取第五单元习作得失后的观察指导就没有那么简单了。第五单元习作，强调用五感来观察，可学生写出来的作文不太令人满意。学生基本采用的是视觉、嗅觉，因为听觉不明显——没有风、雪，触觉辨析力不足——缺乏丰富的触觉认知基础及表达训练。因此写美景的"美"，重点还是在于视觉和嗅觉。此外，三年级作文刚起步，学生对于段落的认识不够好。因此，观察指导重在观察点所在区域景色的特点把握与观察的顺序指导。

"同学们，菜园的门口是什么？"

"玫瑰。"

"错了，这是月季。同学们仔细观察一下月季的花是什么颜色？什么形状？叶子、花瓣、花蕊都是什么样子？"在指导下，学生能将美的观察所得记录下来，如美的花、姿态等。

"在菜园门口两旁的是什么呀？"

看着学生一脸蒙，我把植物拔出来给学生看，学生才明白是生姜。那独特的叶子，让学生印象深刻。看完后我把生姜栽了回去。正确价值观的引领，有时候不需要太多说明。之后，我带着学生看中间的韭菜、秋葵、青菜等，感受这些植物独特的形态美。

菜园最后面的紫苏是个观察重点。紫苏变化的颜色、独特的气味、粗糙的表面能够调动学生的不同感官去观察体验。作为菜园背景的是围墙边的三角梅。盛开的花儿、丰富的颜色、攀附的姿态，都能给我们带来美感，也是重点指导所在。

三、写：提供关键支架

看后，立即写，才能把观察的新鲜感保留下来。看习作要求，明确写作重点——围绕一个意思写。我抓住"菜园真美"这个题目，让学生选择感觉美的景物来写，写的时候注重以观测点为关键句来写，并举例"菜园门口迎宾的是月季花""菜园中间的是韭菜、秋葵"，让学生明白怎样写关键句。

书中的习作指导部分，提供了"这学期新学的词语"。这些词语是动词、形容词，还有叠词。根据观察时的交流，我发现学生最难把握、最难形容的就是颜色。菜园中生姜叶的绿、韭菜的绿和青菜的绿不同，紫苏叶的紫也有不同区分。于是，我以百度绿色种类为参考，让学生明白了绿色有深绿、浅绿、淡绿、豆绿、葱绿、苹果绿等。这些词语是学生写作很重要的支架。除此之外，对课文中关键句的复习，加深学生对关键句的理解。

在学生写完后，我以学生习作范文中的"关键句"为修改支架，让学生明晰关键句如何承接和变换。同时，把范文中修辞手法运用得巧妙的语句作为支架，让学生把句子写得更美。对三年级学生来说，比喻、拟人甚至排比等修辞手法都是学过的，也是可以在作文中用的。本学期相关课文所学、课文阅读所学，都为学生的修辞运用提供了基础。

那学生写得如何呢？这是批改学生习作后的数据整理：

完成情况	未交	符合题意	200~299字	300~399字	400~499字	500~599字	600字以上	段落分明	条理清晰	围绕一个意思写	运用三种修辞	运用三感及以上
人数	5人	8人	6人	19人	7人	5人	3人	37人	4人	4人	6人	0人
百分率	11.11%	20%	15%	47.5%	17.5%	12.5%	7.5%	92.5%	10%	10%	15%	0

注：总人数为45人，除"未交"百分比以全班人数计算外，其他项

目均以所提交的40人来计算。

从数据看，除少数学生外，大部分学生都达标，甚至超过了要求。学生之所以写这么多内容，是因为观察记录得详细，指导到位。

段落分明是前面几次习作延续的基本要求，学生很好地落实了。段落不分明的习作，主要存在不分段或不会分段的情况，这是后面接着训练需要注意的地方。

条理清晰，直接关联本次习作的重点——围绕"一个意思"写。85%的学生能够达成此要求，效果较好。这和观察指导及修改指导有关联。起步作文的修改指导与写前指导同样重要，不仅要给时间、同伴，还要给支架，否则只能在"原地踏步"。

修辞手法的运用，并非本次习作的重点，但这是需要学生长期坚持的内容。在统计时，发现学生运用一两处修辞不在话下，但运用三处及以上修辞手法的人只有40%。可见，形象表达对学生来说还是难题。这需要充分的训练与积累。

运用感官来写景物，是第五单元的训练重点。第六单元写美景，学生自然要迁移运用。从结果看，一半学生能够运用三感以上来写，说明第五单元的训练效果还是不错的。当然，这也有观察指导的效果。

【田野观察驿站】

（一）

菜园真美

三（4）班　乐颐

初冬的菜园，真是美极了！

一进门，看到的是月季花。月季花香香的，花蕊是黄色的，花瓣是爱心形的，真美丽！月季花好像在迎接客人的到来。

菜园入口两边是生姜，绿色的，闻起来香香的。

往里走，会看到木耳菜、秋葵、韭菜和小米椒。木耳菜的叶子圆圆的、绿绿的真好看。秋葵的花瓣是黄色的、爱心形的，美丽极了！韭菜的叶子细细的，韭菜的绿不是一般的绿，而是绿得发亮。小米椒还没长出来，它的叶子是浅绿的，还有一股辣味。

再往里走，就可以看到青菜、枸杞。青菜有小的也有大的，小的刚刚才长出了两片叶子，小小的一棵真可爱。大的青菜看起来非常地好吃，绿绿的。对了，它们是分开种的。青菜很小的时候分在一块地里，等它长大了就要把它移到另一块地里，那空出的地方就又用来种小青菜。

最里面，可以看到紫苏。紫苏有一些是紫色的，有一些是绿色的，还有一股清香味。叶子像爱心形。风一吹紫苏就舞动起来，好像一个个舞蹈家。

往四周看，可以看到木瓜，木瓜的果实和叶子的颜色一样，一个个木瓜跟葫芦似的。

后面的围墙下面种的是三角梅，它的花瓣有三个角，所以叫三角梅。三角梅的颜色有很多，有红色的、黄色的、粉色的、深粉色的、淡粉色的……

这就是初冬的菜园，我爱我们的菜园。

田野小记：这篇习作是指导学生修改的范文，其条理十分清晰，关键句运用得比较好，能够很好地围绕一个意思写。

（二）
菜园真美

三（4）班　颢霖

初冬的菜园，真美啊！

今天早上，我们参观了初冬的菜园。菜园里有各种蔬菜，如木瓜、木耳菜、韭菜……也有其他植物，如月季花、三角梅等。它们都迫不及待地等着我们这些游客的到来。

入口处的木瓜、月季首先"出场"。木瓜像一瓶大大的果汁瓶，而且叶子也是大椭圆形的，颜色浅绿又带一些黄色。木瓜特别多，数都数不清。微风一吹，叶子轻微摆动，木瓜都快掉下来了。月季正开放着，花全身都是粉色的，就像跳芭蕾舞穿粉红色裙子的小姑娘一样。月季叶子是圆形的。花朵随着风儿轻轻摆动，有些花瓣随风飘落。

往菜园里面走，木耳菜和韭菜闪亮"登场"。木耳菜是深绿色的，像绿色的长戟，香味传得远远的。韭菜的颜色和木耳菜差不多，叶子细长。风一来，木耳菜和韭菜就跳起了群舞。我们看了很久，它们就像快活的孩子一样。

菜园后面的上海青、紫苏、三角梅也纷纷"走"了出来。上海青，有的快成熟了，有的刚开始发芽，还有的都没有出土。上海青叶片是长椭圆形的，像飞机的螺旋桨。紫苏也已经成熟了，叶子是圆形的。远远地看紫苏，就像是灰色、紫色又杂着绿色的怪物。风来的时候，紫苏摇摇摆摆地走路，有点吓人哦。嗅一下，紫苏带着香味、泥土味、清新的气味扑面而来。"真香啊！"同学们一边嗅，一边记录。三角梅的花，最特别：有的枝头开着两朵花，有的枝头开着三朵花，颜色有紫有粉，有深有浅。三角梅攀附在围墙上，随时起舞。

初冬的菜园这么美,你喜欢吗?

田野小记:这篇习作,关键句的提法很有意思,出场、登场、走出来,形象生动,对各种植物叶子形状与颜色的描述都很准确。

(三)

菜园真美

三(4)班　雨芯

初冬的菜园真美呀!

今天,我们参观了菜园。我刚进门就发现围墙是竹篱笆做的。一进门口就发现一种美丽的花叫月季花,我的眼睛睁大了一百倍,看得更仔细了。花蕊是黄色的,最里面是淡黄色的,中间是白色的,最里面的是粉色的。花朵是垂下来的,像卷头发一样,阳光一照,变得更加鲜艳。真神奇呀!

一进门两边有生姜。我怎么觉得像大葱呢?叶子这么长!我正在想时,突然老师"不讲武德"地把它给拔了起来!天哪!

原来是生姜!后来,老师又把生姜栽了回去。

我还看见了木耳菜。木耳菜叶子是深绿和淡黄的。它和其他叶子不一样,形状是长圆形的,风一吹,叶子就是它的手,正在跳摇摇舞。

我走进菜园的最里面,发现了紫苏。紫苏有很多颜色,有深紫的,有淡灰的,像个三角形。紫苏的高度和爸爸身高一样。我闻了一下,清香的味道扑面而来。我摸了一下,好软。一团一团紫苏叶子,好像在说悄悄话。

我看着四周的木瓜,颜色有淡绿和浅橙,形状像葫芦一样。从下面看好像一枚枚"导弹"砸到我头上。

这样优美、迷人的菜园你喜欢吗?

田野小记:这篇作品中的颜色表达准确丰富,且善于用比喻、反问、拟人、夸张等修辞来写景。

(四)

菜园真美

三(4)班 瑞峰

校园的菜园真美。

今天,我来参观小菜园,我先来到右边,月季花在那里开着,浅粉色的,软绵绵的,可爱极了!

右边还有木瓜,深绿色的,像未发射的炮弹,准备随时开炮,打败敌人。还有,木瓜吃起来清爽解渴,想到这里,我的口水已经流成一条小河!

我来到左前方,那里有红着脸的辣椒,深红色的,像一颗大点的子弹,可以打倒敌人,获得胜利。辣椒有一种辣味,闻一下都连打三个喷嚏。

我来到了最右方,也就是角落。那里有像蹦蹦床这么茂盛的紫苏。太香了!我围过去,闻了又闻。闻久了,我觉得有些刺鼻,原来紫苏闻久了就有些刺鼻的味道。

三角梅在外面,它用力一蹬,就翻了出去,三角梅长得像一个个护盾,闻起来有一种淡淡的味道。

初冬的小菜园真美呀!这就是我们迷人的小菜园,你喜欢吗?

田野小记:这篇习作的最大特点在于具有生活味。像"口水已经流成一条小河""连打三个喷嚏""蹦蹦床似的紫苏"等,让读者忍俊不禁,为小作者的形象表达点赞。

（五）

初冬的菜园真美

三（4）班　杨璐

初冬的菜园真美啊！

现在已经是初冬时节了，但我们这儿，还是那样热，那样热闹。

初冬的校园像一幅美丽的画。远远地望去，菜园前的月季花有的像小绒球，有的像火球，还有的像亭亭玉立的少女，在风中摇晃着身子好像在跳舞。

三角梅爬在校园的围墙上，它们的枝头开满了粉色的、紫色的花朵，有的像小叉子，有的像倒过来的小雨伞，在阳光下绽放。

围墙下小菜园的入口，两旁有生姜，叶子是浅绿色的，它的叶子很长，但生姜有一种清淡的生姜味，长得很茂盛。

往里走，我们就看见有木耳菜、秋葵、韭菜、小米椒。所有植物都在一起开大会，木耳菜自信地展出自己的叶子，是浅绿色的，而韭菜也在炫耀自己墨绿色的叶子，其他的植物不甘示弱也开始展示自己美丽的叶子，有深绿、苹果绿、青草绿……我都数不清了！

再往里走就能看见青菜和枸杞，一个青绿，一个浅绿。枸杞因为有一种清香味，所以很特别。

菜园四周种着木瓜，闻一下，有一股清甜味，枝干是褐色的。

最里面是我很喜欢的紫苏，有一股香味，还有美丽的渐变色——是由紫变绿的，好看极了！

你觉得我们初冬的菜园漂亮吗？

田野小记：这篇习作的比喻特别丰富，拟人手法也运用自如。小作者对叶子颜色的区分描写到位，观察细致，能够让人感受其美。

好看不好写的运动会开幕式

三年级上册第六单元要求学生"围绕一个意思写",写的内容是景色。从学生已完成的习作来看,目标达成度较高。然而,三年级学生的作文才开始起步,要求不能太高,否则是会"失望"的。写运动会开幕式的随笔,就是很好的一个证明。

一、好看的开幕式

11月29日,我们迎来了学校第十三届田径运动会。天气真好!天稍阴,遮住太阳,微风不燥。下午,校运会正式开始!三年级第一个方阵入场。学生早早地就在操场旁排好队伍做好准备,其他年级也在后面时刻准备着。一个班接着一个班走进操场,主席台上的家委会、村委会、义工队代表,也一直在喊着鼓励同学们的话。同学们神采奕奕,队伍整齐,口号响亮。

走过主席台后,每个班都有序地坐回到操场上提前摆好的椅子上。所有班级都进场后,就是鼓号队和管乐团表演了。首先表演的是鼓号队、花样操表演。鼓号队铿锵的鼓点,不断变化的队形,让在场师生赞叹连连,相信一定能给学生带来深刻印象。

接着就轮到管乐团上场了。管乐团表演的曲目是《阿文图拉》。整首作品宏大又充满活力，声音饱满的铜管、悠扬的长笛、抒情的木管在合奏中各显其能又相互配合。尽管演奏的扩音效果不够理想，但学生们还是非常认真地聆听着。这也是管乐团首次在全校师生面前表演。

常规的升旗、宣誓、致辞，因运动会显得特别庄重。这样的气氛，会潜移默化地影响着学生，不过，对三年级学生来说，感受和表达往往是"两张皮"，需要阅读、训练去弥合。当天的运动会项目结束后，我给学生布置了随笔任务，内容就是写开幕式。

二、不好写的开幕式

收上来的随笔结果不是很理想，偏题和离题的人数快占到班级的半数了。具体统计结果如下：

全班	人数（共45人）	百分率	完成情况	人数	字数	人数
未交	3人（3人请假）	6.67%	场面描写	10人	超过100字	15人
符合	27人	60.00%	观察细致	18人	超过200字	19人
偏题	12人	26.66%	表达清晰	32人	超过300字	6人
离题	3人（1人因校运会请假）	6.67%			超过400字	2人

这一次的随笔没有任何指导，作业布置时也只有一道题目。因此，这一次的随笔是学生真实情感的抒发，也是学生习作水平最真实的体现。从统计结果来看，离题或偏题的同学存在的问题还是审题不仔细，重点把握不到位。偏题、离题人数较多，这是事先没有想到的，不过也在情理之中。三年级学生，对于习作详略的处理还没有学习，对于材料的选择重点也没有过多训练。写开幕式，写比赛，写自己做什么等，就是缺少对材料处理的结果。看到什么就写什么，是三年级学生作文的特点。如何围绕题目把握写作重点，将是接下来训练的一个

方向。

当然，学生也有进步的地方。从统计数据来看，不管是写开幕式还是偏题写成比赛项目，班里大部分同学都已经能将一件事情表述清楚，让读者看到就能清楚地知道今天发生了什么事，并且，经过前期训练，学生基本学会了调动多种感官从多个角度去观察事物。在这一次的校运会中，班上很多同学都能做到仔细观察，且每个人观察的角度都不一样，有的看到了管乐团好看的服装，有的听到了主席台上老师们的称赞，还有的注意到了鼓号队每个小组的人数。还有少部分同学在没有老师指导的情况下，就能将开幕式的场面描写出来。这些都是同学们进步的体现。

"学习修改有明显错误的词句"，是对第二学段习作的其中一个要求，其方法就是学会运用简单的修改符号。从学生所提交的随笔看，绝大部分学生都能够主动去进行修改，这是学生习作能力提升的一个重要标志。随笔属于"实用性写作"的范畴，要求结合真实情境展开教学。这次运动会是非常好的情境，学生不是模拟体验，而是真实体验，因此更能够写出自己的所见所感、所思所得。

【田野观察驿站】

（一）

开幕式

三（4）班 家琪

今天下午我们开校运会了呢！

阳光洒在我们的脸上，格外刺眼。

我们手拿花球，一绿一红，我们摇花球发出了沙沙的声音。我们大喊口号："追求卓越，不断前行。四班精英，明日之星。"

我们回到座位上后，鼓号队和管乐团就开始表演了。

草地上，鼓号队有十位拿着星星的女生，每组五位女生，共两组。她们一开始是长方形的队伍，然后就围成一个空的正方形，里面就只剩下了几位同学。开始表演了，同学们拿着大大小小的乐器……

接下来管乐团是在跑道上表演了。他们每个人都拿着一把椅子和大大小小的乐器。他们开始表演了，那声音，可真好听……

这就是我们学校的运动会开幕式啦！是不是很有趣？

田野小记：小作者开篇就交代了故事发生的时间，还描写了阳光明媚。小作者观察得十分细致，不仅注意到了花球的颜色，还听到了"沙沙"的声音。在观看表演时，小作者注意到了鼓号队队形的变化，还观察到了管乐团队员们手上都拿了些什么。希望小作者能继续保持，多仔细观察，多用心体会。

（二）
开幕式
三（4）班　芯怡

星期四要开运动会，大家都为开幕式做准备。

每个班都有道具，各种各样的。

三年级第一个上，我们走到主席台上就喊口令："追求卓越，不断前行。四班精英，明日之星。"

等每个班都走完一圈后，鼓号队就开始了精彩的表演，还穿红色的礼服呢！

最后轮到管乐队表演，是由叶老师带领的。

星期四的开幕式就这样圆满结束了，是不是很精彩呢？

田野小记：文章分段清晰，按时间顺序写了本班的进场，以及最后鼓号队和管乐队的表演，如果每一段能再丰富一下内容就更好了。小作者书写工整，但涂改较多，这一点还有待改进。

（三）

热闹的开幕式

三（4）班　瑞峰

今天下午的运动会开幕式，我们排着队来到操场。

我拿着一个彩球排在后面，来到主席台前，我看着主席台的灯台，全力把彩球舞起来，喊起口号："追求卓越，不断前行。四班精英，明日之星！"

过了主席台后，我放下彩球，大步跟在大队后方。我坐在凳子上，还有一条条长龙在后面排队，数也数不清。

我看见一群小姐姐在中间敲锣打鼓，队伍不断变化，领头的拿着一根棒子举上去举下来的，看上去威武极了！

看！管乐队来了！他们吹着笛子，笛子的轰鸣声震耳欲聋。

今天运动会的开幕式真有趣！

田野小记：小作者首先写了自己班的入场，拿着花球喊着响亮的口号。后面写坐到位置上后观看的表演，用一两句话写了鼓号队队伍的变化和管乐团悦耳的笛声。但文章涂改太多，修改符号的使用使整个版面显得很乱。

（四）

有趣的开幕式

三（4）班　梓源

今天，学校举办2023年第一学期校运会开幕式，可有趣了，现在我就说给你听！

首先，是三年级入场。刚开始，我就看见了其他班级有小花朵、大手掌，还有一些其他道具。

紧接着，是四年级入场。四年级有的举起有字的向日葵，有的拿气球，还有的拉横幅。

然后，是五、六年级入场。这次，五(1)班一出场，就惊艳全场。他们拿着一个筒子，里面喷出蓝色、绿色、紫色等颜色。

最后，是一、二年级出场。正当一年级出场时，我恰好经过，看见了一群"小丑"！那可真逗！

这就是我们有趣的开幕式。

田野小记：小作者采用总分总的结构写作，中间部分，又用了"首先""紧接着""然后""最后"这些表示先后顺序的词语衔接每一段，使文章条理清晰。他所关注的重点和班里其他同学有所不同，他仔细观察了每个年级进场时具有特色的方阵，并写在了自己的随笔里。

情动辞发的实习生欢送会

刘勰在《文心雕龙·知音》中说：夫缀文者情动而辞发，观文者披文以入情，沿波讨源，虽幽必显。

三年级学生对情的感受往往出人意料，又在情理之中。比起五、六年级的学生，三年级学生的情感表达会更外露。这和学生身心发展的特点有关联，毕竟三年级学生刚刚从二年级升上来，其"亲师性"的特点还是比较明显的。要与日日陪伴的老师分离，自然有千般不愿万般不舍。深刻的情感，对于三年级学生写作文特别重要，因为"印象深刻"往往就是情感深刻，情感深刻才能"辞发"。

一、深刻的情

不知不觉中，实习的周老师已陪伴孩子们三个多月，但天下无不散之筵席。周老师即将结束实习，孩子们与她的相处也要画上句号了。为了让周老师的实习工作有仪式感，我特地利用早读课举办了一场小型欢送会。

一进班，我就告诉孩子们周老师下周结束实习的事情。同学们大概在之前就听说了这件事，所以在听到这一消息时并不惊讶。不过，孩子们的不舍之情在此刻油然而生，有的同学默默低下了头，有的同学一直在回头看坐在后面的周老师，还有的甚至直接哭了起来。为了顺利完成欢送仪式，我邀请了班里几位"小画家"来布置一个漂漂亮亮的黑板。

趁着这段时间，我向大家表达了对周老师的肯定与感谢。周老师在这几个月里，一直扎根于班级，用心批改学生的作业，并及时反馈同学们的作业情况。对于做得好的同学，她会给予肯定；对于有待改进的同学，她也会利用空闲时间监督改正。在我有行政工作或外出开会时，周老师也能及时顶上，保证班级的学习进度。对于日常的琐碎工作，她也从来没有一点怨言或推脱。随着我的讲述，同学们也跟着回忆与周老师相处的日常，其中有一位同学忍不住号啕大哭起来。

遇见，是世间最美好的事，而离别，也是人生的常态。周老师也怀揣着不舍，和孩子们诉说着祝福。最难忘的是周老师诉说时，几度哽咽，甚至泪花盈满眼眶。这是近几年我所带实习生中唯一的现象。虽然我不提倡这样的离别，但是"情真意切"对三年级孩子来说是多么难得。

面对班级里此起彼伏的哭泣声，我及时引导，因为我想教会孩子们的是如何面对离别。其实所有办法都可以浓缩为一句话——"感恩所有遇见，笑对所有离别"。我让孩子们珍惜与周老师的相遇，不仅要记得周老师的付出，更要学习周老师身上的优点。周老师接过班主任代表家委会送上的礼物，孩子们送上了热情的掌声。

最后的合照环节，同学们蜂拥而上，把周老师团团围住，虽然很多同学眼圈都红红的，但他们都忍住了眼泪，用最灿烂的笑容与老师合照留念。我看着同学们洋溢着笑容的脸庞，就知道他们都听进去了。

但真正学会"笑对离别"并不是一朝一夕的事，这一次与实习老师的分别，在同学们心中种下了一颗种子，也希望在之后的遇见与分别中，同学们都可以使这颗种子长成参天大树。

燕去燕归，沧海桑田。我们终究会前往各自的方向，但幸运的是我们学会了珍惜每一次遇见，笑着面对每一次分别，并在一次次的相遇与离别中得到成长。

二、心动的辞

情动而辞发，要有一个重要条件，那就是要有相关的词汇储备及表达储备，否则是很难辞发的。这就好比积累少的人，面对大海就只能是"大海啊，你全是水"了。三年级学生经过学习与积累，已经拥有了一定的表达基础。那么在情感体验这么充足的欢送会上，孩子们的表达会如何呢？

这一次的随笔就是写关于周老师的欢送会，具体数据统计如下：

全班	人数（共45人）	百分率	完成情况	人数	字数	人数
未交	2人（请假）	4.44%	语言描写	10人	超过100字	20人
符合	43人	95.56%	心理描写	23人	超过200字	14人
偏题	0人	0	四字词语	18人	超过300字	4人
离题	0人	0			超过400字	5人

所有学生都能围绕欢送会来写，均符合题意，且能自由地表达所思所想。大部分同学写的都是想对周老师说的话。从那些质朴的话语、那些发自内心的言辞中，可以感受到学生们对周老师浓浓的不舍之情。从那些引用的表示吉祥的四字词，既能看出学生的积累，又能看出学生的天真烂漫。

从字数上看，能够较为详细描述心理及过往的学生，仅有五分之一左右。从中可以看出学生对于一件事的表达还是有所欠缺的。特别需要引起注意的是——20人写了100字左右，可以看出近一半学生发自于心的表达比较粗略，还未能较为细致地描述自己的心理感受。当然，这个和学生对社会、对世界的认识有关，也和不太细腻的心理感受有关。这为以后对学生进行写作指导提供了比较明确的方向。

【田野观察驿站】

（一）
再见了，周老师
三（4）班　家琪

陪我们已经一个季度了，三个月啊！

一年、十年后，我可能记不住您的样子，但是我会记得您的教育之恩。

我们经常做小动作、开小差，您应该很生气吧？我原本以为您会教我们一年，原来您读大学啊！对不起，周老师！我舍不得您。

您辛辛苦苦的劳动，换来的只是我们的开小差，是吧？对不起，周老师！

我特别感恩您的教导！

或许时间的长河会把我们的记忆冲刷干净，但请您记住，您教的是二〇二三届三年级，三四中队，小海星班。

得知您要走的那一天，中午午睡的时候我哭了。剩下的时间里，我一直闷闷不乐。写这篇随笔的时候，我也哭了……妈妈说在学校里不能哭，老师会不喜欢我的。对不起，周老师！再见。

最后祝您大学生活愉快！

再见了，周老师！祝您每天开心、愉快！

田野小记：小作者关于老师的描写很仔细，表达了对老师的感谢与不舍。文章语句优美，真挚的情感也通过文字传达到了老师心中。

（二）

再见了，周老师

三（4）班　乐颐

今天，周老师要走了。大家都很伤心。大家也不知道周老师为什么走，还给周老师做了卡片，除了我，因为我请假，不知道发生了什么事。不过我知道这是一件很伤心的事，所以我想用英语课自习的时间做一张卡片送给周老师。周老师我想对您说一句话："周老师，您离开的原因，可以写在我的本子上吗？谢谢！"周老师您走了以后要平平安安地回来，我们欢迎您回来。最后我知道了周老师为什么要离开，不过我不确定。所以，我希望周老师能把原因写在我的本子上。谢谢！

周老师，再见了。

田野小记：整篇文章字迹工整，语言质朴，字里行间流露着对老师的不舍。让老师将离开的原因写在本子上，可以看出小作者的可爱。

（三）

周老师，我们爱您

三（4）班　杨璐

今天，周老师要走了，同学们闷闷不乐，恋恋不舍，所以大家做了贺卡给周老师一个惊喜，也希望周老师会想我们。大家做的贺卡也各不相同，有长有短，有扁有宽，有精致的，有简单的，但贺卡里都装着满满的爱，而爱是我们和周老师在一起快乐的时光。我们知道您要回大学了，但在您再来时我们就得到了一个善良的、博爱的、温柔的周老师，我们会记住您、想您、爱您的！

田野小记：小作者着重写了同学们给老师准备的惊喜，简单的贺卡里装着与老师满满的回忆，质朴的文字中蕴含着对老师浓浓的不舍，以及对老师满满的爱。

（四）
欢送周老师
三（4）班　芯怡

星期三午休时，屈老师对我们说："星期五是周老师在校的最后一天，可以画贺卡送给周老师。"

听到这话，原本吵闹的教室变得安静了。突然有一个女同学哭了起来，从其他同学的表情也可以看出大家都舍不得周老师走，因为周老师才来三个月就要走了，所以我们都很伤心。

到了下午，我为周老师做贺卡。星期四的课后服务，有人把这件事告诉了周老师，真是气死我了，屈老师都让我们偷偷做了，他居然告诉周老师，哼！

星期五，也是周老师在校的最后一天，我要亲手送给她贺卡！过了一会儿，周老师来了，我把贺卡送了她，还有许多同学也送了她贺卡。

过了一会儿上课了，骆老师来了说："这节课我们欢送周老师。"我们都很开心！

骆老师先在黑板写了几个字，然后让六个同学画黑板，我也画了！

画完之后骆老师说了几句话，然后让周老师说这三个月实习的感受，周老师和我们都流泪了。

后来我们跟周老师拍大合照，再去操场拍了两张大合照，然后三人跟周老师拍照，拍了大约三十张。

我想对周老师说："一帆风顺，意气风发，心想事成，学业有成，幸福快乐，福如东海，寿比南山，身体健康，前程似锦，大吉大利，平平安安。"

田野小记：从小作者的作文字数就可以看出，他想对老师表达的东西有很多，不仅描写了欢送会上的场景，还写了欢送会前同学们得知这一消息后的反应，以及一些有趣的小插曲，内容十分丰富有趣。全文充满童心童趣，读来倍感亲切。

描写比赛的痛点

参加活动时,有深刻的体验,按照一般道理来说,有深刻体验自然能够有生动描写。然而,学生在参加完激烈的计算小达人比赛后,却是草草的描写,让我不禁生疑:三年级学生描写比赛场面的痛点究竟在哪里?

一、激烈的比赛现场

比赛是在学校报告厅举行的,形式比较特殊:各班选取的代表,集中在台上,利用提供的手机进入网络平台进行比赛,比赛的动态结果呈现在大屏幕上。这样的比赛形式,是第一次出现。最让学生感到兴奋、激动的就是比赛的结果在不停地变化。台上的选手在努力地比赛,台下观摩的学生则在拼命地喊加油。

从比赛开始的那一刻,到比赛结果定格,我耳边始终有加油声在回荡。班级里有些学生特别大声且有节奏感地喊加油,然后大家就跟着这个节奏走了。这个班喊起有节奏的加油声,旁边的班自然不会示弱,也加入了带有节奏感的助威声中。这种带有游戏性质的比赛,能够最大限度地调动学生的积极性。

比赛完,是选手们最喜欢的颁奖环节。获奖选手不仅有奖状,还有一份礼包。选手们接过礼包时，嘴都合不拢了。颁奖后，学生就跟着队伍回教室了。在回教室路上，我们班几个获奖的孩子就好像明星一般，总有人围着他们问这问那。

二、描写比赛有痛点

最近流感比较严重，班上有7个人请假。整理的相关数据如下：

习作要求	人数	符合题意情况	人数	字数	人数
未交	7人（请假）	叙述不完整	7人	100~150字	2人
符合	37人	未写出场面	26人	150~200字	20人
偏题	1人	观察不细致	23人	200~300字	12人
离题	0	标点符号使用不规范	5人	300~400字	4人

从数据及提交的随笔看，此次随笔有以下几个特点：

（1）随笔字数不够。三年级上学期，要求学生至少写到250个字以上，可是本次随笔一大半同学未达到字数要求。

（2）未写出场面的人数多。这应该是此次随笔最大的痛点了。这个是与观察不细致紧密相关的。因为观察不细致，所以场面描写就缺少了支撑点，也就无法写出场面了。

（3）叙述不完整学生略多。叙述完整也是三年级上学期的任务，但是班上依然有7人叙述不完整。要么结尾未说清楚赛果，要么中间没有叙述，要么开头太啰唆，总之比赛这件事的起因、经过、结果及时间、地点、人物交代不清。

（4）偏题、离题人数少。这应该是亮点了。前面几次随笔都训练过"围绕一个意思写"，因此本次随笔围绕比赛来写，不是难点。

为什么会出现"三多一少"的情况？

字数少，既有客观原因，也有主观原因。客观原因是一页随笔纸就只有200多字，即使写满也不足250字。主观原因当然是能少写则少写。写得字数少的学生，并不代表表达就不好。当然，对三年级学生来说，写到250字以上都算合格。

和字数少紧密关联的就是，未写出比赛场面的人数多。从随笔看，凡是字数少的，比赛场面都没有写出来。学生现场体验了，但由于身心发展特点，三年级学生还没有学会"分心"，即在激烈参与的同时注意观察比赛选手及观众表现。换句话说，就是学生只顾着兴奋，而忽略了主动观察。对三年级学生来说，主动观察是有难度的。因此，需要教师在学生观察后，注意引导学生进行"观察复盘"，帮助学生梳理观察所得。

叙述不完整学生为7人，如果加上请假学生中叙述能力薄弱学生，那么就有将近五分之一的学生"完整叙述"能力弱。这是正常现象。因为三年级学生，关于表达的各方面意识还比较弱，还没有形成比较清晰的叙述概念及范式。尽管是正常的，但不能放之任之，因为能力的培养不是一蹴而就的，而是需要持续训练。

值得欣慰的是，除极个别学生外，其他学生都能够围绕计算比赛来写，即能够围绕一个意思写。这就是训练的效果了。

【田野观察驿站】

（一）
计算小达人比赛
三（4）班　杨璐

今天，学校里举办了计算小达人比赛。比赛的同学们都很紧张，比赛开始了，同学都在努力计算，分数也在不断上升，台下的同学都在疯狂喊加油，老师们管都管不住。

很快比赛进入了尾声，结果也要出来了，大家都在期待分数。

最高兴的是我们班有一个一等奖，一个二等奖，两个三等奖。

田野小记：尽管小作者所写字数不多，但比赛现场的氛围描写得到位，事情也交代清楚了。如果能在开头总体介绍一下比赛，把比赛的内容讲述得详细一点，此文将更好。

（二）

计算小达人比赛

三（4）班　梓澄

今天下午第三节课，我们去看计算小达人比赛。

我们班的参赛员有梁瑞峰、何俊锋、刘晨浠、杨舜喆。

我们到报告厅时，参赛员已经端正地坐在前面，每位参赛员的桌子上摆放着一部手机。

同学们都在问，这是谁买的？怎么这么有钱买这么多的手机？

参赛员们开始比赛了，他们的名次都在慢慢地上升着，我们只能看见第一名到第十名的，我们班在第一名到第十名的只有刘晨浠。

我们都在给刘晨浠加油，刘晨浠也在努力地答题，刘晨浠从第十名一直努力上升，升到第五名。

第一名到第六名是一等奖，第七名到第十四名是二等奖，第十五名到第二十四名是三等奖，所以刘晨浠是一等奖，梁瑞峰是二等奖，何俊锋和杨舜喆是三等奖。

田野小记：此文事情交代完整，条理清晰，比赛现场介绍得详细，能够让读者了解现场究竟是怎么一回事。

（三）

计算小达人比赛

三（4）班　家琪

今天有计算小达人比赛。

我们班共有四位男生参与这场有趣的比赛，我们也满心欢喜地来到了比赛现场。

我来到了一个座位上坐了下来。

"加油！""加油！"同学们的加油声已经很响亮了！

我激动得直跺脚，把自己累成一条狗了，嗓子已经喊哑了。我还仍然说着加油的话语。我可真希望有一个一等奖啊！

随着选手的答题越多，排名也在变化。

选手的紧张，也带动我们的紧张。

比赛正在火热地进行中。随着比赛结束的口哨声响起，选手放下了手机。我们班拿了一个一等奖、一个二等奖和两个三等奖！这令我很高兴！

田野小记：作者语句简洁，叙述流畅且有个性。像"我激动得直跺脚，把自己累成一条狗了"，选手的紧张，也带动我们的紧张，这些句子具有表达的张力和表现力。

（四）

计算小达人

三（4）班　乐颐

今天下午第三节课，我们到报告厅看计算小达人比赛。我们班有四个人参加：梁瑞峰、何俊锋、杨舜喆和刘晨浠。

一坐下，激烈的比赛就开始了，我们班一直在为前几名的同学加油。一开始的时候，加油声还没那么激烈，最后就变得很激烈了。前几名中有我们班的刘晨浠，我们只为我们班的同学加油。刘晨浠在我们的加油声下得到了一等奖，可是是第五名，不是第一名。他获得了金牌、奖状和时间胶囊。我们很羡慕他。梁瑞峰和何俊锋获得了银牌，本子和笔只能二选一。我们也很羡慕他们。杨舜喆获得了铜牌和一支笔，我也很羡慕他，不管是他们谁好谁不好，都要说他们厉害，不可以小看别人。

田野小记：小作者的观察能力特别强，注重了现场比赛加油声的区别，特别是最后对比赛结果的交代很清晰。

（五）

口算大赛

三（4）班　梓赫

今天，又发生了一件大事：举行了口算大赛。

刚到举行口算大赛的报告厅，我就被比赛气势吓了一跳，那比赛很精彩，看一眼十年都忘不了。

"比赛，准备，开始！"主持人一声令下，几十名参赛选手迅速开始认真答题。

"加油，加油。"每个班观赛的同学都卖力地喊着。参赛员们都很紧张，生怕自己被淘汰。

最后，比赛结果出炉了！第五名是我们班的小刘，拿金奖。金、银、铜奖我们班都有。我们班真厉害！

田野小记：文中用词准确，表达生动，"一眼十年都忘不了""卖力地喊着""结果出炉"等词组的使用，显示出小作者用词的准确。

监测试卷下发后的认知关注

"教育评价事关教育发展方向，有什么样的评价指挥棒，就有什么样的办学导向。"对学生来说，无论怎样的评价改革，都离不开试卷。试卷上的分数或等级，才是学生最为看重的。虽然分数或等级，只能体现学生一部分的能力，但这恰恰是家长最为关心的。在家长眼里，期末监测试卷的分数远比作业得分重要得多。尽管我们都知道，平常作业的认真才能换来最后的得分。

其实，对于三年级学生来说，分数高低并没有想象的那么重要，如何看待自己的监测结果及自己的各个题目的得失分情况才更为重要。为了更好地让孩子们学会观察自己与他人，我一张张地下发试卷，给孩子们一点点期待与紧张，营造一种深度体验的氛围。

本次监测班级数据还比较理想，但并未发挥孩子们的最高水平。我刻意地营造一种严肃感，将批评与表扬相结合。这样，班级安静中就带有一点压抑，除了偶尔响起的掌声和交流声外，我看到不少孩子很紧张，小脸绷得很紧。拿到试卷的那一刻，可谓百态丛生，也为本次训练打下良好基础。没有丰富的活动体验，没有深刻的情绪经历，是很难有"深刻印象"的。当然，这些体验是流动的，无法暂停，也就无法"重来一次"，只能在孩子们心里"观察复盘"了。而"观察复盘"的关键就在于那一幕幕的"深刻印象"。刻意的观察需要精心引导，而日常体验的观察，需要的就是经过训练后的自觉。本次训练的重点在于认识自己与认识环境。

一、认识自己

在雅典德尔菲神庙（太阳神阿波罗神殿）入口处有一句著名的箴言："认识你自己！"期末监测试卷，就是最好地认识自己的工具。"从已有文献看，学会认识自己主要表现为：有自己的人生理想、有较强的民族认同、有较强的国家认同、知道自己的优点、能正确对待失败。"学生拿到试卷前后的身心变化，自己是最能体会的。因此，就本次体验而言，"知道自己的优点，能正确对待失败"是较好地认识自己的方向。

字数多少就是认识问题的深浅程度的表现。本次训练字数统计如下：

字数	100~199字	200~249字	250~299字	300字以上
人数	5人	11人	18人	10人

除5名同学外，其他同学都能够写到200字以上。因为这是自由写作，没有规定字数，所以能够从中看出同学们还是非常乐于表达的。这与三年级习作目标"乐于书面表达，增强习作的自信心"一致。

体验是为了更好表达，也是为了深入认知。在本次训练中，偏题、离题人数统计如下：

符合题意情况	符合题意	偏题	离题
人数	37人	5人	2人

仅有7人存在偏题、离题现象，而7人中有3人是因为病假而写了其

他内容。偏题内容集中在写监测过程，试卷下发只在最后段落才出现，或者写了发卷当天三科老师的情况，没有集中写试卷下发过程。由此看出，这少部分同学存在认知上的偏差，需要在今后的作文训练中加强思维引导，给予选材及重点把握的强化训练。

三年级语文学习的一个重点是积累，包括积累成语、使用修辞手法（拟人、比喻、夸张、顶真）。这些积累都将化作学生认识自我的养料，指导其认识从粗浅走向精细，指导其表达从简单走向丰富。本次训练的积累统计情况如下：

项目	未使用	1~3个	4~6个
四字词或成语或俗语	11人	18人	7人
修辞手法	11人	28人	5人

积累与运用不是同一个过程，积累下来不代表就能运用。本次所积累的成语、修辞手法，学生应用的情况还不错，有些学生除了运用课内成语外，还运用了课外积累的，如"鸦雀无声""一蹦三尺高""怦怦直跳"等。而修辞手法的运用则显得很丰富，既有比喻、拟人，也有夸张、排比，如"同学们像鸟儿一样叽叽喳喳""花儿为我们鼓掌""连一只蚊子也没有""心像小兔子一样怦怦直跳"等。不过，也有11人（四分之一）没有学会使用四字词或修辞手法。这是在没有刻意指导基础上的真实情况，说明这部分学生还没有在表达中养成运用积累的习惯。这为今后训练指明了方向。同时，这也提醒我们在三年级上学期起步作文中，要强化训练学生对积累的运用。

认识自我，需要学会观察自身当下状态，并联系过去与未来，慢慢学会"思接千载，视通万里"。本次训练对观察的统计如下：

项目	联想过去	观察当下状态（2处以上）	想象未来
人数	7人	29人	8人

从数据统计看，绝大部分学生能够写出自己拿到试卷前后的状态，如"手哆嗦着""缩成一团""冷汗直冒"等。当然，也有近三分之一的学生不能详细描述自己的紧张状态。这部分学生需要提高自己的"敏感"能力，能够复盘自己的状态。大部分学生在写当下状态的时候，不能够联系过去或未来。这不仅和训练有关，也和学生处于三年级的发育状态有关。三年级学生身心发展还处于急剧变化期，是形成自信心的关键期，其自控力不强，且注意力不稳定，会在接受别人的评价中发现自身的价值。这些特点，让学生更加关注当下和别人的评价，对于自我的认知不够深入。

二、认识环境

教育就是让人步入"社会化"的过程。在此过程中，人不仅要能认识自己，还要能认识自己所处的环境。这里的环境不仅包括自然环境，还包括社会环境。不管我们身处何种环境，都必须在认识环境的基础上去适应环境。"在环境中的活动，首先依赖于对环境的清晰认识，了解环境的特征。"三年级上学期，在教学过程中多次训练学生观察一个人、一处景、一件事等。这些都为环境描写做准备。

然而，纵观3~6年级的作文训练，会发现"写环境"是学生的弱项。其原因是多方面的。不过，在整个小学作文训练体系中，并没有专门进行环境描写的单项训练，有的只是写景训练。这两者有重合，但更多的是不同。如何突破呢？根本还在于观察，观察身边的自然景色、物品摆设、环境氛围等，然后再进行有针对性的训练，这非一日之功。

在本次训练中，学生对他人、班级、自然环境有所关注，统计如下：

项目	关注他人/班级	关注自然环境/班级摆设
人数	29人	6人

从统计看，全班有近三分之二的学生能够关注到身边同学或班级现场情况。而对自然环境、班级摆设情况的关注人数则太少。虽然本学期也进行了多次景物描写、班级内物品的拟人描写，但学生并没有将其纳入写作之中。这说明了在此情境体验中，学生的关注重点并没有放在环境中，也还没有学会"一切景语皆情语"的写法。不过，这并非什么大问题，因为在以后的学习中，随着阅读量和训练量的加大，学生的观察会慢慢变得细腻起来，对周围事物的关注也会慢慢增多，其情感发展会更加丰富多元。

【田野观察驿站】

（一）

当试卷发下后

三（4）班　俊铭

今天，天气晴朗。今天下午是我最开心的时候，因为语文课要发试卷，我感觉这次可以考到90多分。

骆老师来了，他带着一堆试卷来到了教室，全班都非常紧张，我也非常紧张。因为如果我的古诗写错了，就要抄课外课内古诗5遍，整整5遍呀！

骆老师坐了下来说古诗全对的有14人，我听见这个数字后，紧张到快流泪了，急得满头大汗！

骆老师念完名字后，居然有我，也有杨璐！我的脸上露出笑容了，试卷到手后我看了一下分数88.5分（A+）!然后我看了一下我三科的成绩都是A+。

我看完后心想，回家后可以过个好年了！

我去问了同桌，他说："我考了92分（A+）。"我又看了一下我的分数88.5分，差了3.5分。

然后我看了一下错题，全是阅读题错了。改完错题后我把试卷放到试卷袋里，就等着放学后高高兴兴地回家了！

田野小记：小作者叙述得条理清晰，能够关注到自己的变化"满头大汗"，并且想象到未来"过个好年"，还把分数和同桌进行了比较，看到了自己的问题所在，这就非常棒了。

（二）

当试卷发下后

三（4）班　诗颖

当试卷发下后，全班都紧张得鸦雀无声。我用手挡住分数，然后一个数一个数地推开。

第一个数是9，第二个数是1，我心想不会是91吧！

结果最后发现是91.5（A+）！我看到有好多不该错的题错了，火上浇油，我感觉不开心了。我要重点关注一下古诗和阅读题。我还发现，我的作文竟然扣了两分！我更加觉得火上浇油了，因为我以前扣分最多扣1.5分。

我看了一个女生，她考了93.5（A+）。

她笑得很开心，和花一样。而我的同桌和我前面的人因为考得不理想，所以不是很开心。

我看了一下全班得分最高的人，她正面无表情地看着试卷。

试卷发下后我有点不开心，因为我怕回家被爸爸妈妈骂。

他们知道以后肯定很失望，我的脚已经在发抖了。

田野小记：小作者在开头的描写特别有意思，符合儿童心理，那遮住分数后一个数一个数推开的过程形象生动，对具体的扣分进行分析，并和最高分进行了比较，还对回家后的情形进行了想象。文章描写具体生动，富有儿童气息。

（三）

成绩下发后

三（4）班　永盛

今天考试，我觉得我一定能考一个高分。教室中很安静，气氛就像有千言万语一样，众人心里很紧张，紧张到手心冒汗。

在考试前，我就汗如雨下了，可是我觉得我一定能考到高分，虽然我的心已经在"怦怦"跳。我觉得45号(尖子生)一定能考一个很高的分数。全班都很紧张，有一些同学抖手，有一些同学抖脚，可是他们全都没有说出自己的紧张。

考试的时候有一部分人写得有一点慢，但是那些写得慢的人很多回答的都是对的，那几个写得慢的人的分数分别是95分、100分和98分。

当看到试卷的那一刻，我激动极了，因为经常不及格的我，真的及格了！

田野小记：尽管文章的书写有点不够工整，但对小作者来说已经非常不错了。其表达条理是清晰的，语句基本流畅，还能够写出自己的心理变化，还对他人有所关注。如果能够准确使用标点符号就更棒了。

（四）

发下试卷后

三（4）班　沛瑶

今天是我最激动的一天，是下发试卷的一天。好期待我的成绩。

这时，骆老师和另一个同学抱着试卷朝教室走了进来，同学们也开始紧张起来，我好激动呀！

"我肯定考不好！"我前面的14号说。

骆老师要公布成绩了，同学们像小鸟一样"叽叽喳喳"地说着自己的成绩。

当老师发到我的试卷时，我看到了"93.5（A+）"。我高兴极了，接过试卷，兴奋地回到座位上。

同学看到我的成绩，都羡慕极了，都连连夸我，我心里暗暗高兴。

有的同学还没出成绩，紧张得抖手抖脚。不一会儿，全班最高分就出现了——38号，97.5（A+）。这时，我心里也放松了。38号的学习真是遥遥领先啊！

真是又激动又紧张的一天啊！

田野小记：完整的叙事，清晰的表达，细腻的心思，对他人细节的关注，如"紧张得抖手抖脚"特别生动，这些都让文章可读性强。

（五）

当试卷发下后

三（4）班　梓赫

当试卷发下后，我心惊肉跳，生怕自己考得不好。看到试卷的时候，我的心像一块石头落了下来。但我并没有欣赏分数，而是立马去改正试卷。那一幕真难忘。

当骆老师抱着一大堆试卷走进来的时候，我看到全班人都紧张。我也有一点紧张，我感觉我的手就像被一个人握着，一直在抖。因为每次语文考试，我的成绩都保持在"90~95分"。果然，我想得没错，成功拿到93.5分（A+）。

我看试卷时，什么提心吊胆、心惊肉跳等全都用在我身上也毫不夸张。

骆老师好像对我们班不满意，他说："我们班考得不够理想，还可以更优秀一些。"

我听见同学们有的在说什么"你考了多少分呀"。有的说："哈哈，我考得比你高！"还有的说："这道题怎么改？"

然后，骆老师说考95分以上的同学能免一项作业，我看看我的成绩——差了1.5分，我们班只有一个人能免一项作业。

"终于，我努力了这么多天，为的就是这一天！"我猜她一定是这么想的，她一定很开心，很高兴，很快乐！

其实，回到过去，我既想又不想看到试卷，我想看到的是我比谁高，但又怕只考了七八十分。但怎么可能呢，我考过的最低分是90分。

好了，这篇随笔就写完了，提前祝大家心想事成，假期快乐！

田野小记：文章的特色在于能够联系过去，将视野放宽了。文章开头还运用了倒序手法，尽管还不成熟，但思路新颖。

（六）
试卷发下来的心情
三（4）班　耀阳

今天，是什么日子？对！是语文监测考试分数报下来的日子。

"丁零零"上课铃响了，语文老师走进教室。老师坐了下来，开始下发试卷："1号：70.5分（B）。"听到大家这么传，我想，全班最差的学生都考了七十几分，那么我们应该很好。教室里充满了期待，虽然鸦雀无声，但仿佛有千万个语言在教室里回荡。

突然，我听到同学们传来"13号：65.5分（C）。"听到这里我的心情有了变化，哇！这么聪明的学生都只考了这么点！我又开始担心了起来。

我转过头看看同桌，同桌忐忑不安，生怕自己也考了低分。

眨眼间，报到我的分数了。"16号：89.5分（A+）"啊！我心中的那块大石头终于放了下来。

我又看看我的好兄弟23号。老师报了出来："23号：92分（A+）!"

我不得不为这次报数而紧张。

田野小记：通过文字，读者能够感受到现场的氛围。这是因为小作者清晰流畅的表达，以及运用一些"金句"，如"教室里充满了期待""但仿佛有千万个语言在教室里回荡""心中的那块大石头终于放了下来"。

下篇
成长观察的观察

三年级现象：成长的关键期

三年级学生正处于一个关键的成长阶段，这一时期被心理学家、教育专家和神经科学家誉为儿童发展的"转折点"。在这个阶段，孩子们的认知能力、情感理解和社会交往能力都在经历着前所未有的发展。这一时期的孩子开始更加关注同伴关系，对自我意识和独立性的追求也日益增强。这些变化不仅影响了他们的学习方式，也影响了他们的情感和社交行为。

一、"具体运算阶段"观察

在三年级这个关键的成长阶段，学生的认知发展正经历着显著的变化。根据皮亚杰的认知发展理论，这一时期学生正处于"具体运算阶段"，他们的思维方式正在从直观思维向逻辑运算思维过渡。这种转变不仅影响了他们解决问题的能力，也影响了他们对周围世界的理解和互动方式。

例如，在田野笔记中提到的"新鲜的语文老师"这一课例中，教师通过设计一系列"新鲜"主题活动，激发了学生的兴趣和参与度。学生们被要求写随笔，描述他们的新老师和新学期的新鲜体验。这种任务要求学生不仅要观察和记忆具体的细节，还要理解和表达这些细节背后的意义与感受。在这个过程中，学生必须运用他们的逻辑思维能力，将具体的观察转化为有条理的文字描述，这是具体运算阶段认知能力提升的体现。

再如，在"同学分享'新鲜'事"活动中，学生被鼓励在小组内交流自己的暑假新鲜事，然后选出代表在全班分享。这种交流活动不仅锻炼了学生的语言表达能力，也发展了他们的社交能力和同理心。在分享和讨论的过程中，学生需要理解他人的观点，比较不同的想法，并在此基础上形成自己的看法。这种能力的发展正是具体运算阶段认知发展的一个重要方面。

此外，上篇"'新鲜'表达有招式"部分展示了学生如何通过阅读和理解课文内容，学习并运用新的表达方式。学生通过分析课文中的词句和修辞手法，学习如何在自己的写作中运用这些技巧。这种从理解到应用的过程，不仅涉及语言能力的发展，也反映了学生认知能力的提高。他们能够将抽象的修辞概念具体化，并在实际写作中恰当地运用，这是具体运算阶段学生认知能力提升的又一证明。

在"暴雨停课真'新鲜'"这一部分中，学生面对突发的停课事件，被鼓励记录下自己的感受和想法。这种即兴写作的活动要求学生不仅要快速梳理思维，还要能够在有限的时间内清晰表达观点。学生通过这种方式练习了如何在压力下进行逻辑思考和有效表达，这是具体运算阶段学生认知发展的重要组成部分。

总的来说，三年级学生在具体运算阶段的认知发展表现在他们能够处理更复杂的信息，进行多角度的思考，并能够将抽象概念具体化。通过各种教学活动和日常经验，学生不断地练习和提升这些能力，为他们日后的学习打下坚实的基础。教师和家长应当提供丰富多样的学习机会，鼓励学生积极探索和表达，以促进他们认知能力的全面发展。

二、"情感理解"观察

情感理解的发展在三年级学生的成长中占据了核心地位。根据埃里克森的心理社会发展理论，这一时期的孩子正在经历一个重要的心理发展阶段，即学习如何与他人建立更深层次的关系。他们在寻求自主性的同时，也在努力克服羞愧和怀疑，这表明他们正在形成自我认同，并开始理解自己在社会关系网中的位置。

在田野笔记中，我们可以看到三年级学生在情感理解方面的发展。例如，在"'新鲜'表达有招式"这一活动中，学生通过阅读和讨论课文内容，学习如何表达"新鲜"的概念。这种活动不仅提高了学生的语言能力，也促进了他们对他人感受的理解和同情心的发展。学生在分享自己的新鲜事时，不仅要表达自己的感受，还要学会倾听和理解同伴的分享。这种互动有助于学生学习如何建立和维护友谊，以及如何在社交环境中找到自己的位置。

此外，三年级学生对友谊和群体归属感的需求日益增强。在田野笔记中的"暴雨停课真'新鲜'"部分，学生面对突发的停课事件，被鼓励记录下自己的感受和想法。这种活动不仅让学生有机会表达自己的情感，还让他们看到同伴在相似情境下的不同反应和感受。通过比较和讨论，学生能够更好地理解他人的情感状态，从而增强他们的同理心和社会交往能力。

相关的研究也支持了这一观点。例如，一项由心理学家Sonia Livingstone和Alyssa Marwick进行的研究指出，儿童在与同伴的互动中学习情感调节和理解的技巧。这些技巧对于他们未来的人际关系和社会适应至关重要。研究还发现，当儿童有机会在安全和支持的环境中表达自己的情感时，他们的情感理解能力会显著提高。

在教育实践中，教师可以通过设计合作学习活动、角色扮演和情感教育课程来促进学生情感理解的发展。例如，通过小组合作解决问题的活动，学生不仅能够学习如何与他人合作，还能够在过程中理解和尊重他人的感受与观点。通过角色扮演，学生可以模拟不同的社交场景，学习如何处理复杂的人际关系。情感教育课程则可以帮助学生识别和表达自己的情感，同时也教会他们如何理解和回应他人的情感。

总之，三年级是学生情感理解发展的关键时期。通过提供丰富的社交互动机会和情感教育，教师和家长可以帮助学生发展更强的情感理解能力，为他们未来的社会交往和人际关系打下坚实的基础。

三、"社会交往能力发展"观察

社会交往能力的发展对于三年级学生来说是一个关键的成长领域。儿童社会学的研究强调了同伴关系在儿童社会化过程中的重要性。在三年级这个阶段，孩子们开始从以家庭为中心的社会结构转向以同伴为中心的社会结构，这一转变对他们的社交技能发展有着深远的影响。

在田野笔记中，我们可以看到几个具体的例子，展示了三年级学生如何在不同的社交活动中发展他们的社会交往能力。

在"同学分享'新鲜'事"的活动中，学生被鼓励在同学面前分享自己的暑假新鲜事。这种分享不仅提高了学生的语言表达能力，也锻炼了他们在同伴面前表达的自信心和沟通技巧。学生在准备和进行分享的过程中，学习如何组织思路、如何吸引听众的注意力，以及如何处理同伴的提问和反馈。这些技能对于他们未来的社会交往至关重要。

"让教室里的东西会动、会说话"活动，通过拟人化的写作练习，激发了学生的想象力和创造力。学生需要将教室中的物品想象成有生命的存在，并编写故事。这种活动不仅提升了学生的写作技能，还发展了他们的同理心和情感理解能力。通过想象和表达物品的"感受"，学生学会了从不同的角度理解周围的世界，这对于他们理解和尊重他人的感受有着积极的作用。

在"从苏轼那儿流淌到校园的秋意"这一活动中，学生通过观察校园中的秋天景象，学习如何运用多种修辞手法来表达自己的感受。这种活动不仅提高了学生的观察力和表达能力，还培养了他们的审美和艺术欣赏能力。在与同伴分享和讨论的过程中，学生学习如何欣赏和理解他人的观点，如何进行建设性的交流和讨论。

相关的研究也说明了同伴关系在儿童社会化过程中的重要性。例如，一项由心理学家Kathy Hirsh-Pasek和Roberta Michnick Golinkoff进行的研究表明，通过与同伴的互动，儿童能够学习到合作、共享和沟通等社交技能，这些技能对于他们未来的社会适应和职业发展至关重要。研究还发现，那些在儿童时期就有丰富社交经历的孩子，成年后更有可能拥有良好的人际关系和社会网络。

四、神经科学下的三年级

神经科学研究为我们理解三年级学生的发展提供了深刻的生物学视角。在这个阶段，孩子们的大脑结构和功能正在经历快速的变化，这些变化对他们的认知能力、情感调节和社会行为有着重要的影响。

1. 前额叶的发育

前额叶皮质，作为大脑中负责执行功能的区域，与决策制定、问题解决等高级认知功能紧密相关。研究表明，学龄儿童的前额叶皮质在9至10岁之间经历显著的成熟过程。三年级学生前额叶的发育使得他们能够更好地控制自己的行为和情绪。例如，在田野笔记中提到的"暴雨停课真'新鲜'"活动中，学生们面对突发的停课事件，需要调整学习计划和日常活动。这要求他们运用前额叶的功能来重新规划自己的时间,并控制可能因计划改变而产生的失望或焦虑情绪。

2. 大脑的可塑性

大脑可塑性,即大脑对经验和学习做出的适应性变化,是儿童发展的关键特征。三年级学生的大脑可塑性较强,他们对新学习和新经验更加敏感。在"从机械走向灵动的拟人"活动中,学生们通过拟人化的写作练习,学习如何赋予非生命事物以生命特征。这种创新性的写作活动能够刺激学生的大脑发育,发展他们的想象力和创造力。

3. 神经科学与教育实践

相关的研究表明,神经科学与教育实践之间的联系越来越紧密。例如,一项由神经科学家Nancy E. Perry和其同事进行的研究发现,积极的社会情感学习经验可以促进大脑的健康发育,尤其是在儿童时期。在田野笔记中的"让教室里的东西会动、会说话"活动中,学生通过拟人化练习,不仅锻炼了语言表达能力,还通过赋予物品情感和生命,增强了同理心和社会情感理解能力。

4. 情绪调节与社交技能

情绪调节是大脑前额叶的一个重要功能,它涉及识别、理解和适当表达情绪的能力。在田野笔记中的"'我手写我见'的上学路"活动中,学生们被鼓励记录自己上学路上的所见所感。这种日常的写作练习不仅帮助学生练习观察和表达,还促使他们学会识别和管理自己的情绪,如对秋天景色的欣赏或对雨天的不满。

5. 学习与记忆

学习与记忆是大脑功能的另一个关键方面,特别是在三年级这个阶段,学生的学习和记忆能力正在快速发展。在田野笔记中的"从苏轼那儿流淌到校园的秋意"活动中,学生们通过观察校园中的秋天景象,并运用多种修辞手法来表达自己的感受。这种活动不仅提高了学生的观察力和表达能力，也锻炼了他们的记忆力和创造力。

五、家庭教育视角的观察

家庭教育对于三年级学生的成长起着至关重要的作用。家长作为孩子的第一任教师，他们的教育态度、方法和行为对孩子的学习态度、习惯以及情感发展产生深远的影响。在三年级这个关键的成长阶段，家长的支持和引导尤为重要。

1. 培养时间管理和组织能力

在田野笔记中的"'我手写我见'的上学路"活动中，学生被鼓励记录自己上学路上的所见所感。家庭教育可以延伸这一活动，家长可以教导孩子如何规划自己的时间，比如一起制订日常作息时间表，确保孩子有足够的时间完成作业、阅读和参与家庭活动。通过这样的实践，孩子不仅学会了时间管理，还学会了责任感和自我组织的能力。

2. 鼓励探索和创新

在"从机械走向灵动的拟人"活动中，学生通过拟人化的写作练习，学习如何赋予非生命事物以生命特征。家长可以在家中创造类似的环境，鼓励孩子进行创新和探索。比如，家长可以提供各种材料，让孩子自由创作手工艺品或进行科学实验。这种探索性学习不仅激发了孩子的好奇心，还培养了他们的创新思维和问题解决能力。

3. 强化阅读和语言表达

在田野笔记中的"轻重难分的'失而复得'"活动中，学生通过写随笔来表达自己的感受和经历。家长可以在家中强化这一技能，定期与孩子一起阅读书籍，并鼓励孩子表达对故事的看法和感受。通过共同讨论和表达，孩子的语言表达能力和批判性思维得到提升，同时也加强了家长与孩子之间的情感联系。

国内外的研究均表明，家庭教育对孩子的成长有着不可忽视的影响。例如，一项针对家庭教育方式的研究发现，家长的积极参与和支持可以显著提高孩子的学业成绩与社交能力。家长的鼓励和认可能够增强孩子的自信心与自我效能感，使他们更愿意尝试新事物并克服困难。

另一项研究表明，家庭教育中的积极沟通和情感支持对孩子的心理健康与社会适应能力有着积极的影响。家长通过倾听孩子的想法、感受和困扰，能够及时了解孩子的心理状态，并给予适当的指导和帮助。

田野笔记的教育价值

在教育的广阔天地中，教师的田野笔记犹如一盏明灯，照亮了学生成长的道路，也指引着教师专业发展的方向。田野笔记不仅记录了课堂的点点滴滴，更是教师理解学生、调整教学策略的重要依据。它帮助教师深入理解学生的需求，从而提供更有针对性的支持。本文将结合具体例子，深入探讨田野笔记在教书育人过程中的多重价值。

一、深入理解学生需求

1. 捕捉学生认知发展

在教育实践中，教师需要敏锐地捕捉学生的认知发展情况，以便更好地调整教学策略，促进学生的思维能力提升。例如，在"给'新鲜老师'下马威"活动中，教师发现学生对于新老师和新教学内容充满好奇，这种新鲜感的激发，为教师提供了调整教学策略的契机。教师通过引入新颖的教学内容和方法，如写随笔（起步作文）的方式，引导学生将好奇心转化为学习的动力，从而促进他们的认知发展。这种方法符合皮亚杰的认知发展理论，即学生通过与环境的互动来构建知识，教师的角色是引导者和促进者。

学习是一个社会互动过程，通过更有知识的他人的帮助，学生可以达到更高的认知水平。在"'新鲜'表达有招式"活动中，教师通过引导学生从课文中汲取营养，学习如何运用拟人等修辞手法来表达"新鲜"。这种教学方法不仅提升了学生的语言表达能力，也锻炼了他们的创造性思维。通过这种方式，学生能够更好地理解和掌握抽象概念，如新鲜感。

2. 洞察学生情感变化

情感教育是教学过程中不可或缺的一环，它对学生的心理健康和学习动机具有重要影响。在"同学分享'新鲜'事"活动中，教师通过观察学生分享个人经历时的情感波动，了解到学生在表达自己时的情感需求。例如，当学生分享暑假新鲜事时，教师注意到学生对于中奖经历的羡慕和对沙雕的期待等情感反应，这些都是学生情感世界的真实写照。教师据此在教学中加入情感教育的元素，如通过引导学生表达对同学新鲜事的感受，帮助学生建立积极的自我认知，促进他们全面发展。这种教学策略与埃里克森的心理社会发展理论相呼应，即在不同发展阶段，个体需要解决不同的心理社会危机，而学校是提供这种支持的重要场所。

通过情感体验和表达，学生可以更好地理解自己和他人，形成健康的人际关系。在特殊的环境和语境下，这种情感体验会更强烈。在"暴雨停课真'新鲜'"活动中，教师利用学生对突发停课事件的强烈情感体验，引导学生进行情感表达和随笔写作。通过这种方式，学生不仅学会了如何将个人经历转化为书面语言，也学会了如何在逆境中寻找积极的一面。

3. 识别学生社交互动

社交技能的发展对于学生的成长同样重要，它不仅影响学生的人际关系，也是他们未来社会适应的基础。在"让教室里的东西会动、会说话"活动中，教师观察到学生在小组讨论中的互动模式。例如，教师发现学生在讨论如何运用拟人手法描述教室中的事物时，有的学生能够主动发言，提出自己的想法，而有的学生则更倾向于倾听他人的观点。这些互动不仅反映了学生的社会交往能力，也揭示了他们在团队合作中的潜力和挑战。教师据此调整小组活动，如通过分配不同的角色和任务，促进学生社交技能的发展。这种教学策略与班杜拉的社会学习理论相符，即通过观察他人的行为和后果，个体可以学习新的社会行为和技能。

虽然小学生还没有步入社会，但校园就是一个小社会。在这个小社会中，教师要善于利用各种资源引导学生进行社交互动。通过实际的社交互动，学生可以学习如何与他人建立和维护关系，这是他们未来社会生活的重要基础。在"从苏轼那儿流淌到校园的秋意"活动中，教师通过组织学生进行校园观察，引导学生在小组内分享自己的观察结果。在这个过程中，学生不仅学会了如何与他人合作，还学会了认真倾听和尊重他人的意见。教师通过这种小组合作活动，促进了学生之间的社交互动，帮助他们建立了良好的同伴关系。

二、调整教学策略

1. 优化课堂设计

课堂设计的优化是提升教学效果的重要环节。例如，在"'新鲜'表达有招式"活动中，教师发现学生在运用拟人手法时，往往缺乏具体化描述的能力。为了解决这一问题，教师在后续的课堂设计中加入了更多关于细节描写的指导。比如，教师引导学生观察校园中的动植物，如树叶的纹理、花朵的颜色等，来练习细节描写。通过这样的实践活动，学生能够更好地理解和掌握如何将抽象的修辞手法具体化，从而提升写作技巧。

从田野笔记中，我们可以看到在后面的教学中，教师还设计了一些角色扮演活动，让学生扮演不同的角色，并运用拟人手法来表现这些角色的特点。例如，学生可以扮演一棵树、一朵花，描述自己在四季中的变化，或者扮演一只鸟，表达对天空的感受。这种角色扮演活动不仅能够激发学生的想象力，还能够帮助他们更深入地理解拟人手法的运用。

2. 强化学习动机

学习动机的强化对于学生的学习进步至关重要。在"从苏轼那儿流淌到校园的秋意"活动中，教师注意到学生对自然景观的描述充满热情。为了进一步激发学生的学习兴趣，教师设计了一系列与自然景观相关的创作活动，让学生在创作中体验自然之美，从而增强他们的学习动机。例如，在"'我手写我见'的上学路"活动中，教师鼓励学生记录自己上学途中的自然景观，并尝试用诗意化的语言描述它们。学生通过这样的写作练习，不仅能够提升写作技巧，还能够在日常生活中更加留心周围的自然环境，培养对美的感知和欣赏能力。

这种强化学习动机的意识，非常重要。在"轻重难分的'失而复得'"活动中，教师就利用"失而复得"的信息课事件，引导学生观察和记录自己的感受与周围环境的变化。这种突发事件的及时捕捉和记录，不仅锻炼了学生的观察力和应变能力，也让他们在紧张的学习生活中找到了释放情感和创意的出口。

"学习动机是学生学习行为的驱动力，它可以显著影响学习的效果和效率。"通过将学习活动与学生的兴趣和现实生活紧密联系起来，教师能够有效地强化学生的学习动机，使学习变得更加有意义和有趣。教师不仅是知识的传递者，更是引导学生发现学习乐趣的导师。通过创设多样化的学习情境和提供丰富的学习资源，教师可以帮助学生建立起积极的学习态度，激发他们的内在动力，从而在学习过程中实现自我成长和进步。

3. 促进差异化教学

为了适应学生的个体差异，教师实施了差异化教学策略，旨在为每个学生提供适合其能力和兴趣的学习路径。例如，在"轻重难分的'失而复得'"活动中，教师注意到学生对于突发事件的反应和描述存在差异。一些学生能够详细描述事件的情绪波动，而另一些学生则更关注事件的具体细节。针对这一差异，教师为前者提供了情感表达的写作指导，鼓励他们深入探索和表达个人感受；对于后者，教师则提供了观察技巧的训练，引导他们练习如何捕捉和描述细节。

此外，在"好看不好写的运动会开幕式"活动中，教师发现学生对于开幕式的体验和记忆点各不相同。有的学生对比赛项目感兴趣，有的则对开幕式上的各种表演和仪式印象深刻。为了满足这些不同的兴趣和需求，教师设计了多样化的写作任务，允许学生根据自己的兴趣选择写作的主题和形式。对于对比赛项目感兴趣的学生，教师引导他们通过具体的动作描述和个人经历来讲述比赛过程；对于对表演和仪式感兴趣的学生，教师则鼓励他们运用丰富的语言和修辞手法来描绘开幕式的场景与氛围。

通过这种差异化的教学方法，教师不仅尊重学生的个体差异，还为他们提供了展示自己独特视角和创造力的机会。学生在写作中能够找到自己的声音，同时也学会了欣赏和理解他人的不同观点与表达方式。这种教学策略有助于培养学生的批判性思维和同理心，为他们未来的学习和生活打下坚实的基础。这种以学生为本、关注个体差异的教学，会被日复一日的常态化工作所掩埋，但随着教师田野笔记的不断积累，这种教学上的敏感性会让差异化教学得到落实。

三、促进专业成长

1. 反思教学实践

教师的专业成长与对教学实践的持续反思密切相关。例如，在"从机械走向灵动的拟人"活动中，教师观察到学生在运用拟人手法时存在局限性，这促使教师反思并改进自己的教学方法。通过引导学生从具体实物出发进行想象，教师帮助学生将抽象的概念与现实生活相联系，从而激发学生的创造力。这种反思不仅提升了教学质量，也促进了教师对教育本质的深入理解。教学不仅是知识的传递，更是引导学生思考和创造的过程。通过反思，教师能够不断调整教学方法，使之更加符合学生的认知特点和学习需求，从而实现教学的个性化和最优化。

在"三观香蕉园"活动中，教师通过三次不同角度的观察引导，让学生学会从多方面感知和描述事物。教师反思如何更有效地组织观察活动，以便学生能够在写作中更好地表达感受和想法。通过这样的实践和反思，教师不断优化教学策略，提高教学的有效性。

2. 分享教学经验

教师之间的经验分享对于彼此专业成长至关重要。在"千姿百态的'双节'"活动中，教师通过学生的随笔了解到节日文化对学生的深远影响。教师将这些宝贵的一手资料和自己的教学体会分享给同事，不仅丰富了团队的教学资源，也激发了同事对教学方法的探讨和创新。通过这种交流，教师团队能够共同成长，提升教学质量。

在"两个三（4）班的生日会"活动中，教师通过比较两个不同班级的学生对同一主题的写作表现，分享了自己在教学过程中的发现和思考。这种跨班级的经验分享，有助于教师从不同角度理解学生的需求和教学方法的有效性，促进了教师之间的相互学习和专业发展。

值得一提的是，本书上篇中的所有手记，都有两次网络分享。第一次是在班级群分享，家长阅读教师撰写的电子文档，受众面小，仅为家长和学生；第二次是在美篇APP上分享，受众面广，既有家长和学生，也有更多的同行读者。在20篇田野笔记美篇作品中，共有13篇获得"精选"标志（美友与平台双重认可的作品），平均每个美篇作品阅读量在3000人次以上，最多的"从苏轼那儿流淌到校园的秋意"达到4531人次。网络分享，让教师打破了校级与区域的限制，其经验可被更多人看到。

3. 提升教育研究

教育研究是推动教育创新和教师专业成长的重要途径。在"'消失'的契机"活动中，教师不仅记录了学生的即时反应，还对如何捕捉和利用这些教育契机进行了深入研究。通过对这些课堂趣事的分析，教师探索了如何将生活中的突发事件转化为教学资源，提高学生的参与度和学习兴趣。这些观察和研究为教师提供了宝贵的实践经验，帮助他们在教育实践中不断探索和创新。

在"好看不好写的运动会开幕式"活动中，教师深入分析了学生对开幕式的描述，看到了他们在写作过程中遇到的挑战和困难。教师随即提炼出了提升学生写作能力的关键策略，如引导学生关注细节和运用多种感官进行观察。教师还发现，学生在清晰表达和有条理地组织语言方面存在障碍，这促使教师设计了一系列更为有效的写作指导方法。例如，教师采用了小组讨论和同伴评审的方式，不仅促进了学生之间的相互学习，还增强了他们的批判性思维能力。此外，教师还巧妙地利用多媒体工具，如视频和图片，为学生提供丰富的写作素材，成功激发他们的创作灵感。这些富有创新性的教学策略，不仅帮助学生克服了写作上的难题，还显著提升了他们的写作技巧，进而全面提高了学生的语文综合素养。

教育实践中的观察与记录策略

在教育实践中,观察和记录是教师了解学生、调整教学策略的重要依据。有效的观察能够帮助教师捕捉学生的行为、情感和学习过程中的关键信息,从而更好地理解学生的需求和困难。

一、观察的重要性与基本原则

1. 观察的意义

观察在教育领域中的重要性不言而喻。它不仅是教师专业发展的核心能力,更是连接理论与实践的桥梁。根据Bandura的社会学习理论,学生通过观察他人的行为和后果来学习新的行为模式。这一点在教育实践中得到了广泛应用,教师通过观察学生的行为,可以了解他们的认知发展水平和情感状态,从而为他们提供更具个性化的教学支持。

例如,在《教育心理学杂志》上发表的一项研究表明,教师通过长期观察学生的学习行为,发现了学生在小组讨论中的互动模式。这些观察结果帮助教师识别了学生的领导能力和团队合作精神,进而调整教学策略,促进了学生的全面发展。

2. 观察的基本原则

（1）系统性

系统性是确保观察有效性的前提。教师在进行观察时，应制订明确的观察计划，包括观察的目的、对象、时间、地点和方法。这种有组织的观察能够帮助教师全面地收集数据，避免因随意性而导致的信息遗漏或偏颇。教师通过系统性观察，能够更好地理解学生的学习风格和兴趣点，从而在课程设计中融入更多吸引学生参与的元素。

（2）客观性

客观性要求教师在观察过程中保持中立，避免个人情感、价值观和预期对观察结果产生影响。这意味着教师应当基于事实进行记录，尽量避免主观判断和解释。在分析观察数据时，教师应采用科学的方法，确保结论的准确性和可靠性。一线教师通过客观记录学生的课堂表现，能够更公正地评估学生的学习成果，从而为学生提供更合理的反馈和指导。

（3）持续性

持续性强调观察是一个长期的过程，而非一次性的事件。教师需要在一段时间内持续观察学生，以便追踪学生的发展变化和学习进度。这种持续性的观察有助于教师发现学生行为的模式和趋势，从而做出更为合理的教学决策。根据Piaget的认知发展理论，学生的认知能力是逐步发展的，因此，持续性的观察对于理解学生的认知成长尤为重要。

（4）敏感性

敏感性要求教师对学生的学习和行为表现出高度的感知能力。教师应当关注学生的非言语行为，如面部表情、肢体语言和声音的变化，这些都是学生内心情感和认知状态的重要指标。同时，教师也应对学生在不同情境下的表现保持敏感，以便更好地理解学生的需求和反应。

Vygotsky的社会文化理论强调了社会互动在认知发展中的作用，这为教师观察学生的社交互动提供了理论支持。

观察不仅是教师专业发展的基础，也是促进学生全面发展的重要手段。通过系统、客观、持续和敏感地观察，教师可以更好地理解学生，为他们提供更加有效的教育支持。教育实践表明，那些能够有效利用观察数据来调整教学策略的教师，其学生的学习成果显著提高。

二、观察策略与方法

在教育实践中，观察不仅是教师了解学生的重要手段，也是提升教学质量的关键环节。为了更有效地进行观察，教师需要掌握一系列的策略与方法，从而准确捕捉学生的行为、情感和学习过程。

1. 观察策略

（1）参与观察

参与观察策略要求教师深入学生的活动中，以参与者的身份进行观察。这种策略有助于教师更真实、更全面地理解学生的行为和互动模式。在一次团队协作游戏中，教师可以作为团队的一员参与其中，观察学生的合作能力、领导风格和问题解决策略。通过这种方式，教师能够从内部视角捕捉到学生在自然状态下的行为表现，从而为后续的教学提供有力的支持。

（2）非参与观察

与参与观察相对的是非参与观察。在这种策略中，教师保持一定的距离，以旁观者的角色观察学生。这种观察方式可以减少教师对学生行为的直接影响，从而获得更为客观的观察结果。在课堂讨论中，教师可以在教室的一角静静观察，记录学生参与讨论的积极性、互动频率以及他们在小组中的角色分配。通过非参与观察，教师能够更准确地评估学生的社交技能和学习状态。

（3）结构化观察

结构化观察是指教师根据特定的观察表或清单，系统地记录学生的行为。这种策略适用于需要对大量数据进行收集和分析的情况。教师可以通过设计一份包含学生参与度、互动质量、情绪反应等指标的观察表，来记录学生在特定教学活动中的表现。结构化观察有助于教师快速整理和分析数据，从而为教学改进提供依据。

（4）非结构化观察

非结构化观察则是在没有固定框架的情况下，教师根据实际情况灵活记录学生的言行。这种策略更注重观察的过程和体验，而非仅仅是结果。教师可以在学生自由活动时间，观察他们的兴趣点、互动方式和情绪变化。非结构化观察使教师能够更深入地理解学生的个性化需求和潜在问题，为个性化教学提供支持。

2.观察方法

（1）定性观察

定性观察侧重于对学生行为、情感和互动模式的描述性记录。这种观察方法强调对细节的关注和对情境的理解。教师可以通过记录学生的语言表达、肢体动作和面部表情等，来深入分析学生的情感状态和社交互动。通过观察学生在小组讨论中的反应和表现，教师可以了解学生的参与度、合作态度和领导能力。

（2）定量观察

定量观察则通过计数、计时等方法，收集学生的可测量数据。这种观察方法适用于对行为频率、持续时间等进行统计分析。比如，教师可以记录学生在课堂上举手发言的次数，或者在特定活动中完成任务所需的时间。定量观察使教师能够以数据为基础，客观评估学生的学习效果和行为改进。

（3）事件取样

事件取样专注于特定事件或行为的发生，记录其发生的频率和情境。这种观察方法有助于教师识别和分析学生在特定情境下的行为模式。教师可以记录学生在面对挑战时采取的应对策略，或者在集体活动中的互动情况。通过事件取样，教师可以更好地理解学生在特定环境下的行为反应，从而为他们提供更有针对性的指导。

（4）时间取样

时间取样则是在固定时间间隔内，记录学生的行为和活动。这种观察方法有助于教师了解学生在一段时间内的行为变化和学习进展。例如，教师可以在每节课的固定时间点，记录学生的注意力集中程度、参与活动的积极程度等。时间取样使教师能够追踪学生的行为趋势，评估教学策略的有效性。

三、记录与分析的技巧

在教育实践中，记录和分析是教师获取关键信息、反思教学过程、促进学生发展的重要工具。有效的记录与分析不仅能够帮助教师更好地理解学生的学习状态和需求，还能够为教学决策提供有力支持。为了提高记录和分析的有效性，教师需要掌握一系列技巧，确保所收集的信息准确、全面。

1. 记录方法

（1）笔记记录

笔记记录是教师观察学生行为和语言表达的基础方法。通过笔记本或电子设备，教师可以实时记录学生在课堂上的表现、参与度、情感反应等关键信息。例如，在"描写比赛的痛点"活动中，教师通过记录学生在计算小达人比赛中的行为和情绪变化，为后续分析提供了丰富的素材。这种方法便捷、直观，有助于教师捕捉即时的学习动态。

（2）音频（视频）记录

音频和视频记录设备为教师提供了更为直观的记录手段。通过录音或录像，教师可以详细记录学生的行为和语言，从而在事后进行深入分析。例如，教师可以录制学生在小组讨论中的表现，分析学生的互动模式和合作能力。这种记录方式能够提供更为全面的信息，有助于教师从不同角度审视学生的学习过程。

（3）检查表和评分表

检查表和评分表是系统记录学生特定行为的工具。教师可以根据教学目标设计相关表格，记录学生的参与情况、任务完成度等。在上篇中，教师通过设计评分表来记录学生在随笔写作中的表现，从而对学生的写作能力进行评估。这种方法有助于教师对学生的行为进行量化分析，为教学评价提供客观依据。

（4）随笔和日志

鼓励学生记录自己的学习体验和感受，不仅可以作为第一手资料，还能促进学生的自我反思。教师可以引导学生撰写学习日志，记录每天的学习收获和遇到的困难，这样的记录有助于教师了解学生的学习状态和需求。在上篇中，所有的手记里都有学生的随笔。教师通过分析学生的随笔，能够更深入地理解学生的内心世界，从而提供更为个性化的教学支持。

2. 分析技巧

（1）定性分析

定性分析侧重于对观察笔记的内容进行整理和解释，从而提炼出学生行为的意义和模式。通过对上篇中的随笔内容进行定性分析，教师可以发现学生在写作中的优点和不足，进而调整教学策略。这种分析方法有助于教师理解学生行为背后的深层次原因，为教学提供更为精准的指导。

（2）定量分析

定量分析通过统计方法分析学生的行为频率和持续时间等数据。如教师可以通过对学生在课堂上发言次数的统计，分析学生的参与度和课堂互动情况。这种分析方法为教师提供了量化的数据支持，有助于教师客观评估教学效果，优化教学设计。

（3）案例研究

案例研究是教育研究中的一种常用方法，它允许教师深入探讨个别学生或特定事件，以揭示其背后的教育意义和价值。如在分析学生的创造力发展时，教师可以选取学生在科学实验中独特的解决问题的策略作为案例。通过对学生在实验设计、实施过程以及结果分析中的行为和思维模式的详细记录与深入分析，教师可以更好地理解该学生的认知发展和创新能力，从而在未来的教学中设计出更多激发学生创造力的活动和任务。

（4）反思实践

教师通过反思自己的观察和记录过程，可以提升专业能力。例如，教师在记录和分析学生的表现后，可以反思自己的教学方法是否有效，是否需要调整教学计划以更好地满足学生的需求。反思实践是教师专业成长的重要途径，有助于教师不断提升教学质量，实现教学相长。

四、案例分析：上篇的田野笔记

本案例分析旨在深入探讨教师在上篇中记录的三年级教学实践，以揭示观察与记录策略在教育实践中的应用及其带来的启示。

1. 案例背景

田野笔记为我们提供了生动的教学实践场景。教师通过细致入微的观察，详细记录了三年级学生在多样化的教学活动中的表现。这些记录不仅揭示了学生的学习习惯、情感发展和社会适应能力，也展现了教师如何利用观察来引导教学实践。

2. 观察实施

（1）观察目标明确

教师精确设定了观察的目标，即深入了解三年级学生的学习习惯、情感状态和社会适应能力。这一目标的确立源于对三年级学生发展特性的深入理解，以及对教育目标的精准把握。例如，教师注意到三年级学生正处于由具体思维向抽象思维过渡的关键时期，因此特别关注学生在解决问题时的思考过程和策略选择。

（2）观察计划的周密制订

教师制订了周密的观察计划，明确了观察的时间、地点和关注重点。这一计划的制订反映了教师对教学环境的敏感洞察，以及对教学过程的系统化管理。在观察计划中，教师特别强调了在不同学科和活动类型中收集数据的重要性，以确保观察结果的全面性和多样性。这一点可从手记中所提供的表格体现出来。

（3）观察的多样化执行

在课堂上，教师采用了多种观察策略，如参与观察、非参与观察、事件取样和时间取样等，全面捕捉了学生的行为和反应。这种多元化的观察手段帮助教师从多角度理解学生的真实情况。例如，在一次课外阅读活动中，教师通过非参与观察，记录了学生在选择阅读材料时的偏好和阅读过程中的互动交流。

（4）记录的系统整理

对观察记录进行了系统的整理和分析，教师识别出学生的行为模式和潜在问题。这一过程展现了教师的反思能力和对未来教学策略调整的深思熟虑。通过对比分析不同学生的观察记录，教师发现了一些学生在团队合作中表现出的领导潜质，同时也注意到了部分学生在集体活动中的沉默和被动。

3.案例分析

（1）学生行为的深入解读

通过对田野笔记中记录的深入分析，教师发现了学生的学习兴趣点和遇到的难题。例如，在一次自然科学实验中，教师注意到部分学生在实验操作中表现出的犹豫，这提示教师在未来的教学中需要更多地引导学生的探究过程，并发展他们的科学精神。教师进一步分析了学生犹豫行为背后的心理因素，如对失败的恐惧和对未知的不确定感，从而在教学中加入更多鼓励创新和接受失败的元素。

（2）情感状态的精准评估

通过观察学生的面部表情、语言表达和肢体动作，教师对学生的情感状态进行了精准评估。在一次集体游戏活动中，教师观察到学生在合作与竞争中的积极情绪，这表明在充满活力的集体活动中，学生能够更好地调节和表达自己的情感。教师进一步将这些观察结果与学生的个性特征和社交能力相联系，发现情感表达能力强的学生往往在团队中担任更积极的角色，并能够更好地处理人际冲突。

（3）教学策略的及时调整

根据观察结果，教师及时调整了教学内容和方法，以更好地满足学生的需求。例如，在发现学生对某一作文概念掌握不牢固后，教师采用了更多生活化的例子和互动式讲解，有效提升了学生的理解力和兴趣。

教师还发现，通过将写作问题与学生的日常生活联系起来，学生不仅能够更好地理解抽象概念，还能够提高解决实际问题的能力。

（4）学生发展的全面促进

教师通过持续的观察和记录，全面促进了学生的发展。在田野笔记中，教师记录了学生在语文、数学等不同学科以及各类活动中的成长，这些记录不仅帮助教师跟踪学生的学习情况，也为学生提供了自我反思和自我激励的素材。教师特别强调了观察记录在促进学生自我认知和自我调节能力发展中的作用，通过定期与学生分享观察结果，教师鼓励学生主动设定学习目标，并采取行动。

五、结语

综上所述，教师在田野笔记中的实践充分说明了观察与记录在教育实践中的重要作用。通过细致的观察和深刻的分析，教师能够更准确地把握学生的需求，调整教学策略，促进学生的全面成长。这一案例为教育工作者提供了宝贵的经验和启示，强调了在教育过程中运用观察与记录策略的重要性。在未来的教育实践中，教师应继续探索和完善观察与记录的方法，以实现更高效、更具针对性的教学。通过这种方式，教师不仅能够促进学生的学术成长，还能够支持学生的情感、社交和道德发展，为学生的终身学习和全面发展奠定坚实的基础。

田野笔记与学生自我认知提升

在教育的广阔天地中，教师的一言一行都可能成为学生自我认知发展的催化剂。本文旨在探讨如何通过田野笔记这一细腻的教育工具，来提升学生对自身能力、情感和行为的认知，进而促进他们的全面发展。

一、积极反馈：点燃自我认知的火花

积极反馈在教育过程中的作用不容小觑，它能够显著提升学生的自我认知水平，促进其全面发展。在田野笔记中，教师通过对学生随笔的细致批改和积极反馈，有效地激发了学生的内在潜能和自我认知的提升。

1. 正面评价与学生自我形象的塑造

正面评价是积极反馈的核心，它能够帮助学生建立积极的自我形象。一位学生在随笔中描述了自己对新老师的第一印象，教师的回复不仅肯定了他的观察力，还鼓励他继续发现老师和课程的新鲜之处。这种正面的评价不仅让学生感受到自己的价值，更激发了他们探索未知的热情。通过这样的互动，学生意识到自己的观察和表达是有价值的，从而增强了自信心和继续探索的动力。

2. 鼓励探索与内在动机的激发

积极反馈不仅在于对学生现有成就的认可，更在于鼓励学生继续探索和学习。教师通过对学生随笔的批改，不仅表扬了他们在文字表达上的进步，还保护他们对未知世界的好奇心。这种鼓励探索的态度，有助于学生建立起成长自信，即相信自己的能力是可以通过努力不断提升的。学生在教师的鼓励下，更愿意主动学习新知识，积极参与课堂讨论，从而养成积极的学习习惯。

3. 反馈的具体性与学生自我认知的提升

积极反馈的有效性在于其具体性。在对学生随笔的批改中，教师不仅给出了总体的评价，还指出了学生在具体表达上的亮点，如使用形象的比喻或准确的描述。这种具体的反馈帮助学生认识到自己在哪些方面做得好，哪些方面还需要改进。例如，当学生在随笔中用"大姑娘坐花轿"来形容自己的紧张和兴奋时，教师及时指出这一比喻的生动和贴切，让学生感受到自己在语言表达上的创造力，从而更加自信地运用语言。

4. 反馈的及时性与学生行为的巩固

积极反馈的及时性对于学生行为的巩固至关重要。在田野笔记中，教师及时地对学生的随笔进行了批改和反馈，这种及时性确保了学生能够在最短的时间内接收到关于自己行为的反馈，从而有助于他们及时调整和优化自己的行为。当学生在随笔中表达了对新学期的忐忑和期待时，教师的及时回复不仅缓解了学生的紧张情绪，还为他们提供了面对新挑战的策略和信心，这种及时的正面反馈有助于学生更快地适应新环境，明确起积极的学习态度。

我们可以看到积极反馈在学生自我认知提升中的重要作用。教师的正面评价、鼓励探索、具体和及时的反馈，不仅能够促进学生的自我认知发展，还能够帮助他们建立起积极的自我形象，激发内在动机，提升认知能力，并巩固积极行为。这种积极反馈的教育策略，对于学生的当前学习有着重要影响，更对他们未来的学习和生活产生深远的影响。教师的这种细致入微的关注和反馈，让学生感受到自己的每一次努力都被看见和珍视，从而更加自信地迎接每一个成长的机遇。

二、田野笔记：映射自我认知的成长轨迹

田野笔记是教师用来映射学生自我认知发展的重要工具。通过这些记录，教师能够细致地追踪学生的行为变化、情感发展和认知进步，从而为学生提供更加精准的指导和支持。

1. 行为变化的记录与反思

行为变化是学生成长过程中的显著标志。梓赫最初在"给'新鲜老师'下马威"活动中表现出明显的羞涩和不安，他很少在课堂上发言，经常避开老师的目光。然而，随着时间的推移，教师通过田野笔记记录了梓赫逐渐变得自信和活跃的过程。在"'新鲜'表达有招式"活动中，梓赫开始主动参与讨论，并能够提出自己的见解。这种转变不仅体现在他的课堂表现上，也反映在他的社交互动中，他开始与更多的同学交流，分享自己的想法。通过田野笔记，梓赫得以回顾自己的成长历程，认识到自己的适应能力和学习潜力。

2. 情感认知的捕捉与引导

情感认知的发展对学生的心理健康和学习动机有着重要影响。乐颐在"同学分享'新鲜'事"活动中，最初对于中奖经历感到非常自豪，但在描述沙雕时流露出羡慕之情。教师通过田野笔记捕捉到乐颐的情感波动，并在后续的课堂讨论中引导她深入探索这些情感背后的原因。在"暴雨停课真'新鲜'"活动中，乐颐体会到了停课带来的孤独和无

聊，教师的引导帮助她学会更加全面地评价和理解自己的情感体验。这种情感认知的引导与心理社会发展理论相呼应，该理论强调个体在不同发展阶段需要解决的心理社会危机。通过教师的引导，乐颐不仅建立了积极的自我认知，还促进了心理健康和社会适应能力的发展。

3. 学习潜力的挖掘与培养

田野笔记帮助教师发现学生的学习潜力，并提供相应的支持和挑战，促进学生的认知发展。通过教师的观察和指导，永盛在写作上的敏感性和创造力得到了培养，激发了他对文学的兴趣。在"从苏轼那儿流淌到校园的秋意"活动中，永盛最初对于如何描绘秋天的景象感到迷茫。然而，在教师的鼓励下，永盛开始尝试使用更加生动和具体的语言来表达秋天的美。他的作文中出现了"秋日的阳光像金色的油漆，把校园的每一角落都刷上了温暖的色彩"这样富有想象力的描述。这表明永盛在语言智能和自然观察智能方面具有较高的潜力。教师通过提供丰富的写作素材和练习机会，满足了永盛在这些智能领域的发展需求，促进了他的学习潜力的挖掘和认知能力的提升。

4. 自我效能感的增强与自我激励

自我效能感是学生对自己完成特定任务的能力的信念。通过田野笔记，教师能够及时给予学生积极的反馈，增强他们的自我效能感，从而激励他们更加努力地学习和探索。例如，在"暴雨停课真'新鲜'"活动中，教师记录了学生在面对意外停课事件时的不同反应。有的学生表现出了焦虑和不安，而有的学生则表现出了积极适应和创造性利用时间的能力。教师的积极反馈和鼓励，如"你今天对突发事件的处理非常冷静和有创意"，不仅肯定了学生的努力，也增强了他们面对未来挑战的信心。这种正面的强化，通过田野笔记的记录，为学生提供了一种替代性经验，帮助他们建立起积极的自我认知，从而增强了自我效能感和内在的学习动力。

通过这些细致的观察和记录，教师不仅帮助学生认识到自己的成长和潜力，而且为他们提供了自我反思和自我激励的机会。这种基于观察的教育实践，不仅促进了学生的全面发展，也为教师提供了宝贵的教学资源和启示。教师的这种细致观察和记录，为学生的成长提供了坚实的基础，也为教育实践提供了丰富的启示。

三、教师期望：塑造学生自我认知的无形之手

教师的期望对学生自我认知的提升起着至关重要的作用。在"成长关键期观察"中，教师通过对学生个体化的关注和期望，激发了学生追求卓越的欲望。这种期望不仅是一种心理状态，更是一种教育实践，能够在无形中塑造学生的自我认知和行为。

1. 期望与自我概念的塑造

教师的期望能够显著影响学生的自我概念形成。在"'我手写我见'的上学路"活动中，一位学生通过写作练习，将上学路上的景色描绘得栩栩如生，教师对此给予了高度评价："你的描述让那条路仿佛就在眼前。"这种积极的反馈不仅增强了学生的自我价值感，也让他意识到自己的写作潜力。根据布鲁纳的自我概念理论，个体的自我概念是通过社会互动和他人反馈形成的。在这种情况下，教师的期望成为学生自我概念发展的重要参考点，帮助学生建立起积极的自我形象。

2. 期望与学业成就的关联

教师的期望与学生的学业成就之间存在着密切的关系。在"暴雨停课真'新鲜'"活动中，一位学生在面对突发的停课事件时，通过随笔记录了自己的感受和家庭活动。教师对他能够抓住生活细节的能力表示赞赏："你对生活观察入微，文字生动有趣。"这种期望激发了学生在

写作上的积极性。根据高尔德的期望理论，教师的高期望能够提高学生的学习动机和参与度，从而提高学业成就。学生在随笔中写道："虽然不能出门，但在家读书也很有趣。"这反映了教师期望的影响力，以及学生在这种期望下产生的积极学习态度。

3.期望对学生行为的引导

教师的期望对学生的行为具有导向作用。在"暴雨停课真'新鲜'"活动中，教师期望学生能够从不利的天气情况中找到学习和成长的机会。一位学生在随笔中写道："虽然不能出门，但在家读书也很有趣。"教师对此表示肯定，并鼓励全班同学学习这种积极的态度。根据德怀特的道德发展理论，个体的行为受到他们所处环境的期望和价值观的影响。教师通过设定期望，引导学生表现出更好的学习行为和道德判断。

4.期望与自我效能感的提升

教师的期望能够提升学生的自我效能感。在"好看不好写的运动会开幕式"活动中，一位学生详细描述了运动会的盛况，尽管他觉得写作难度较大。教师在评语中写道："你对开幕式的描述非常精彩，让读者仿佛亲临其境。"这种积极的反馈增强了学生的自我效能感，使他相信自己能够成功完成类似的任务。根据班杜拉的自我效能理论，个体的自我效能感是其行为和情绪的核心。当学生感知到教师对他们的信任和期望时，他们会更相信自己能够成功完成任务，从而增强自我效能感，提高面对挑战的能力。

教师的期望不仅能够影响学生的自我概念和学业成就，还能够引导学生的行为，并提升他们的自我效能感。这种无形的力量，虽然不可见，却在学生的成长过程中发挥着至关重要的作用。教师的期望如同导航灯塔，指引着学生向着更高的目标前进，实现自我超越。

四、自我认知的多维构建：教育策略的精准应用

自我认知的构建是一个多维且动态的过程，它涉及学生对自己学习能力、情感状态和社交能力的认知。在"成长关键期观察"项目中，教师运用一系列精准的教育策略，通过多样化的教育活动，促进了学生在各个方面的认知发展，帮助他们建立了全面的自我概念。

1. 学习能力的认知与提升

教师采用了"挑战与支持相结合"的策略，通过设计适度挑战性的任务，激发学生的学习兴趣和探究欲望。在"PK感受真特别"活动中，成语接龙比赛不仅考验了学生的语言知识，还锻炼了他们的反应能力和思维敏捷性。例如，一位学生在比赛中迅速地接出了"画龙点睛"，表现了他对成语的熟练掌握和快速思维能力。这种策略基于维果茨基的最近发展区理论，即学生在适当的挑战和支持下，能够实现潜在的发展。教师的这种策略不仅提升了学生的学术能力，还增强了他们对自己学习能力的认知。

进一步地，教师还运用了"个性化学习路径"策略，针对不同学生的学习风格和能力水平提供差异化的教学内容。例如，对于喜欢通过视觉学习的学生，教师提供了丰富的图表和插图资料；而对于喜欢动手操作的学生，教师则提供了更多的实践机会。这种个性化的支持让每个学生都能在自己的学习路径上获得成功体验，从而增强了他们对自己学习能力的信心和自我效能感。

2. 情感状态的认知与调节

在情感状态方面，教师实施了"情感表达与反思"的策略。通过"三观香蕉园"活动中的观察和描述任务，学生学会了识别和表达自己的情绪。例如，一位学生在随笔中描述了自己在观察香蕉时的心情变

化:"一开始我觉得很无聊,但当我仔细观察香蕉的纹理时,突然感到了大自然的神奇。"这种情感表达的活动帮助学生更好地理解和调节自己的情感,促进了他们情感智力的发展。

自然而然地,教师还引入了"情景模拟与角色扮演"策略,让学生在模拟的社交场景中实践情感管理。例如,在一次模拟课堂上,学生扮演老师和学生的角色,通过这种互动,他们学会了如何在冲突中保持冷静,并用同理心去理解他人的感受。这种角色扮演活动不仅提升了学生的情感认知,还锻炼了他们的社交技巧。

3. 社交能力的认知与增强

为了提升学生的社交能力,教师采取了"合作学习与团队建设"策略。在"两个三(4)班的生日会"活动中,通过组织生日会活动,学生在小组合作中学习和实践社交技能。例如,一位学生在策划生日会时,主动承担起了联络和协调的任务,他在随笔中写道:"我学会了如何与不同性格的同学沟通,确保每个人都能参与到活动中来。"这种社交互动的经验增强了学生对自己社交能力的认知,并提升了他们的团队合作精神。

此外,教师还运用了"同伴评价与互助"策略,鼓励学生在小组活动中相互反馈和支持。在一次团队讨论后,学生们互相评价对方的表现,并提出建设性的建议。这种同伴间的正面交流不仅促进了学生之间的相互理解,还帮助他们建立了积极的社交网络,从而提升了他们的社交能力。

4. 全面自我概念的建立

教师的精准教育策略不仅促进了学生在学术、情感和社交方面的成长,还帮助他们建立了全面的自我概念。通过"多维反馈与自我评价"策略,教师鼓励学生在活动后进行自我反思和评价。例如,在一次写作作业后，教师引导学生进行小组内互评，并鼓励他们基于同伴的反馈进行自我改进。这种多角度的反馈帮助学生更全面地认识自己的优势和待改进之处，从而促进了学生自我观念的建立和发展。

教师还采用了"目标设定与成就激励"策略，帮助学生设定具体可达成的学习目标，并在实现目标后给予适当的奖励。例如，一位学生在设定了提高作文分数的目标后，通过不懈努力，最终实现了目标。教师在班上表扬了他的努力和进步，并鼓励其他学生也设定自己的学习目标。这种目标导向的策略不仅提升了学生的学习成绩，还增强了他们对自己能力的信心和自我价值感。

教师通过精心设计的教育活动和精准的教育策略，有效地促进了学生自我认知的多维构建。这种全面的自我认知发展不仅关系到学生当前的学习和生活，更是他们未来社会适应能力和个人成长的重要基石。教师的这种教育实践，如同为学生的成长之路铺设了坚实的砖石，引领他们走向更加广阔的未来。

五、结语

借助田野笔记，教师可以深入了解学生的内心世界，为他们提供个性化的指导和支持。积极反馈、期望管理和多维教育策略的运用，共同构建了一个促进学生自我认知发展的教育生态。在这一过程中，学生不仅学会了知识技能，更重要的是学会了如何认识自己、评价自己，并在此基础上不断成长和进步。教师的这些努力，最终将帮助学生在成长的关键期实现自我认知的飞跃，为他们未来的发展奠定坚实的基础。

田野笔记在教学中的应用

一、个性化教学策略的制定

个性化教学策略的核心在于满足学生的个性化学习需求，促进学生的全面发展。通过对学生的细致观察和深入了解，教师能够识别并尊重学生的独特性，设计出既符合教育理论又贴近学生实际需要的教学策略，从而在动态的教学过程中实现对学生全面而深入的支持。

1. 观察与识别个体差异

个性化教学的起点是对学生的细致观察和深入了解。在"给'新鲜老师'下马威"活动中，教师通过随笔作业这一非正式评估工具，洞察学生对新环境的适应情况和情感反应。这种观察帮助教师识别学生的个性特点，如乐观、内向或敏感等，从而为学生提供适宜的学习支持。

在教学中，教师发现学生在随笔中对新老师的到来有着不同的描述和感受，有的学生表现出好奇和兴奋，有的学生则表达了对变化的担忧。这些观察结果使教师能够更准确地把握学生的情感状态和认知特点，进而提供个性化的反馈和指导。通过这种观察，教师可以设计出更符合学生个性的教学活动，如为乐观的学生提供更具挑战性的任务，而为内向的学生创造一个更为温和的学习环境。

2. 教学策略的个性化设计

在"'新鲜'表达有招式"活动中，教师鼓励学生运用课文中的修辞手法进行写作，这是对学生语言能力的个性化培养。教师根据学生的不同语言水平，进行了多层次的写作指导，使每个学生都能在自己的能力范围内得到挑战和提升。

例如，教师注意到一些学生在运用拟人手法时表现出色，而另一些学生则在比喻的使用上更为得心应手。因此，教师为前者提供了更多关于细节描写的练习，也为后者设计了更多鼓励创造性思维的写作任务。这种个性化的教学策略不仅提升了学生的写作技能，也增强了他们对语言美的感知和表达能力。

3. 持续地观察与调整

教学是一个动态的互动过程，学生的需求和反应会随着时间与环境的变化而变化。在"暴雨停课真'新鲜'"活动中，教师通过随笔发现学生对突发事件的情绪反应，及时调整了教学内容，帮助学生学会情绪管理和写作表达。

通过随笔，教师发现学生对暴雨停课的消息有着多样的情绪表达，有的兴奋，有的担忧，有的感到无聊。基于这些观察，教师及时调整了教学计划，安排了一次关于情绪管理和写作表达的课堂讨论，帮助学生更好地理解和表达自己的情感。这种及时地调整体现了教师对学生个体差异的尊重和适应，有助于建立积极的师生关系，促进学生的自我成长。

教师不仅将教育理论应用到了教学中，还根据学生的实际情况进行了灵活的调整和优化，体现了个性化教学策略的有效实施。

4. 理论与实践的结合

个性化教学策略的制定需要教师具备深厚的教育理论知识和丰富的

实践经验。在理论层面，教师需要了解学生个体差异的成因，掌握差异化教学的基本原则和方法。在实践层面，教师需要将理论知识应用到具体的教学活动中，通过观察、评估和反思，不断优化教学策略。

例如，在"同学分享'新鲜'事"活动中，教师运用了维果茨基的社会文化理论，通过小组讨论的方式促进学生之间的互动和学习。教师观察到学生在小组内的互动模式，发现有的学生在小组中扮演领导者的角色，而有的学生则是积极的参与者。基于这些观察，教师为不同角色的学生提供了不同层次的指导和支持，如为领导者提供更多的组织和协调任务，为参与者提供更多的发言和表达机会。

在实际教学中，教师还运用了布鲁姆的认知领域教育目标分类学，设计了不同层次的学习目标和评价标准，以满足学生的个性化学习需求。在写作教学中，教师为不同水平的学生设计了不同的写作任务，从简单的句式仿写到复杂的文章创作，确保每个学生都能在自己的能力范围内得到挑战和提升。

二、教学内容的创新设计

1. 结合学生兴趣与生活经验

当学习内容与学生的兴趣和生活经验相契合时，学生的内在动机就会被有效激发。在教学内容的设计上，教师应充分挖掘和利用学生的兴趣点与生活经验，以此为基础构建教学框架。例如，在"同学分享'新鲜'事"活动中，教师鼓励学生分享暑假期间的新鲜经历，这样的教学活动不仅能够激发学生的兴趣，还能够提高学生的参与度。通过小组讨论和代表发言的形式，学生能够相互交流，分享自己的独特体验，如"有学生暑假去了玉龙雪山，可是却没有在雪山上看到雪"，这种贴近生活的教学内容能够引发学生的共鸣，增加学生对学习内容的投入和热情。教师在这一过程中，通过引导和点拨，帮助学生提炼和表达自己的"新鲜"感受，从而提升学生的语言表达能力和创造力。

在"《富饶的西沙群岛》段落仿写"活动中，教师引导学生学习如何围绕一个中心意思进行写作。学生通过仿写《富饶的西沙群岛》这篇课文，不仅学习了如何运用关键词句来构建段落，还学会了如何通过比喻和拟人等修辞手法来丰富自己的表达。这个活动要求学生运用所学的写作技巧，结合自己对图片内容的理解和想象，创作出具有个人特色的文本。通过这种方式，学生不仅加深了对课文内容的理解，还能够将所学知识应用到写作实践中，从而提高了写作技能和创新思维。

2. 跨学科的教学整合

跨学科整合是一种创新教学策略，它能够加强学生在不同学科领域的知识和技能之间的联系。例如，在"'新鲜'表达有招式"活动中，教师通过结合语文和美术学科的教学，引导学生在写作中融入对校园生活的观察和描绘。学生在学习《大青树下的小学》这篇课文时，不仅阅读和理解了文本内容，还通过绘制与课文内容相关的插图来表达自己的理解和想象。这种跨学科的活动不仅提升了学生的文学素养，还锻炼了他们的视觉艺术表达能力。

在另一堂课上，教师可能结合语文和音乐学科，让学生在理解古诗的意境后，尝试为古诗配乐或创作歌曲。这样的活动不仅加深了学生对古诗文的理解，还激发了他们的音乐创造力。通过这种跨学科的学习，学生能够在不同学科之间建立联系，促进了他们的综合素养和创新思维的发展。

此外，跨学科教学还能够增强学生对知识的实际应用能力。例如，在"《富饶的西沙群岛》段落仿写"活动中，教师鼓励学生运用在语文课上学到的写作技巧，去描述和记录科学课上的观察实验。这样的跨学科写作任务不仅让学生学会如何将科学知识用语言表达出来，还提高了他们的科学探究能力和语言表达能力。

3.随机的生活素材化用

在教学过程中，教师能够巧妙地将生活中的随机事件融入教学，这不仅能够丰富教学内容，还能够提高学生的实践能力和创新思维。例如，在"两个三（4）班的生日会"活动中，教师利用学生对生日会的自然兴趣和期待，设计了一次预测故事结局的写作活动。学生们通过观察图片，预测李晓明过生日的情景，这样的活动不仅激发了学生的想象力，也锻炼了他们的写作技能。

在这个活动中，学生们表现出了丰富的创造力，他们不仅仅局限于教室内的生日会，还想象了在动物园、操场等不同场所庆祝生日的场景。这种教学策略使得学生能够在轻松愉快的氛围中学习，同时也训练了他们根据有限的信息进行合理推测和创意表达的能力。通过这样的生活化教学，教师成功地将学生的日常生活经验和学习内容相结合，提高了学生的学习动机和参与度。

在"轻重难分的'失而复得'"活动中，教师也展现了将随机事件转化为教学资源的能力。当英语考试被取消，而信息课得以恢复时，学生们经历了一次情感上的起伏。教师及时捕捉了这一情感变化，布置了相关的写作任务，引导学生记录和反思这一"失而复得"的经历。这样的教学活动不仅提升了学生的观察力和表达能力，还帮助学生学会了如何在变化的环境中调整情绪和行为。

三、教学方法的变革突破

在当代教育实践中，教学方法的创新与变革对于提升教育质量具有至关重要的作用。为了满足学生多元化的学习需求和全面培养他们的综合素养，教育者正不断探索和实施各种创新的教学策略。通过细致分析教师撰写的教学田野笔记，我们可以洞察到三种特别有效的教学方法：探究式学习、反转课堂和项目式学习。这些方法不仅与教育理论紧密相连，而且在实际课堂中得到了成功的应用。

1. 探究式学习

探究式学习是一种以学生为中心的教学方法，它鼓励学生通过提问、探索和研究来构建知识。这种学习方式与建构主义理论相契合，该理论认为知识是通过个人经验主动构建的。在"从苏轼那儿流淌到校园的秋意"活动中，教师运用了探究式学习的方法，让学生走出教室，亲身体验秋天的校园，引导学生通过观察自然景象来理解苏轼的诗句。学生们通过实地观察，如落叶的形态、果实的颜色，以及感受秋风的声音，将自然元素与文学作品相结合，从而提升了对诗歌深层含义的理解。

进一步地，探究式学习还涉及学生对个人情感的反思和表达。在"轻重难分的'失而复得'"活动中，教师利用一次意外的课程变动，引导学生记录和反思自己的情感变化，这种情境下的写作练习，让学生在真实的情感体验中提升了表达能力和自我认知。探究式学习不仅增强了学生的科学探究能力，还培养了他们的批判性思维和问题解决能力。

2. 反转课堂

反转课堂模式是一种创新的教学策略，它要求学生在课前通过视频、阅读材料或其他资源进行自学，而课堂上则更多地进行讨论、实践和深入理解。这种模式与自主学习理论相呼应，后者强调学生的自我驱动在学习过程中的重要性。在"'新鲜'表达有招式"活动中，学生在课前通过阅读《大青树下的小学》这篇文章，对边疆多民族小学的生活有了初步的认识。课堂上，教师组织学生进行小组讨论，分享他们对文章中描述的新鲜事物的看法，如少数民族的风俗习惯、特别的活动等。这种教学模式鼓励学生在课前自主获取知识，课堂上则更多地进行互动和应用，从而提高了学生的参与度和学习效率。

此外，反转课堂模式还特别强调课堂上的互动和深入学习。在"《富饶的西沙群岛》段落仿写"活动中，学生在课前阅读并理解了课文内容，课堂上则通过仿写练习，运用所学的写作技巧来描述图片，这样的活动不仅加深了学生对课文的理解，还提高了他们的写作技能。反转课堂模式通过调整传统的教学结构，激发了学生的主动学习能力，培养了他们的批判性思维和创新能力。

3. 项目式学习

项目式学习是一种以项目为核心的教学方法，它要求学生在真实的、复杂的问题情境中进行探索和学习。这种方法与经验学习理论相符，该理论认为学习是通过解决实际问题而发生的。在"同学分享'新鲜'事"活动中，学生通过分享暑假期间的新鲜经历，这种活动不仅激发了学生的参与热情，还提高了他们的语言表达能力。

项目式学习还鼓励学生在实践中学习新知识并应用。在"《富饶的西沙群岛》段落仿写"活动中，学生通过仿写练习，学习如何围绕一个中心意思进行写作，这不仅是对写作技巧的锻炼，也是对创新思维的培养。学生在活动过程中，从理解文本到创作自己的作品，全程主导，这样的学习经历有助于提升学生的综合素养和自主学习能力。项目式学习通过提供真实的学习情境，激发了学生的学习兴趣，提高了他们解决实际问题的能力，同时也促进了学生综合素质的发展。

四、教育评价的个性反馈

在现代教育体系中，教育评价的个性化反馈对于促进学生的个性化学习和全面发展至关重要。个性化反馈不仅能够帮助学生更好地理解自己的学习状态，还能够激发学生的学习动力，引导学生进行自我反思和自我提升。

1. 多维度评价

多维度评价是一种全面评价学生学习的方法，它不仅关注学生的学业成就，还包括学生的创造力、批判性思维、合作能力、情感态度和价值观等多个方面。这种评价方式与保罗·弗莱雷的解放教育理论相呼应，该理论强调教育应当促进学生的全面发展，帮助学生成为能够批判性思考和行动的个体。例如，"同学分享'新鲜'事"活动就是一个实施多维度评价的典型例子。在这个活动中，教师鼓励学生分享暑假生活中的新鲜体验，这不仅是一种语言能力的锻炼，也是一种情感态度和价值观的培养。学生通过小组讨论和代表发言，展示了他们的交际能力和团队合作精神。教师的引导和点拨，帮助学生深化了对"新鲜"概念的理解，这涉及批判性思维的培养。此外，学生在分享过程中的积极参与和对他人分享内容的积极回应，体现了他们的社会交往能力和情感参与度。通过这样的多维度评价，教师能够更全面地了解学生的学习进展和个性特点，从而为学生提供更加个性化的教学支持和指导。这种评价方式有助于激发学生的学习兴趣，提高学生的参与度，促进学生的全面发展。

2. 形成性评价与总结性评价结合

形成性评价与总结性评价的结合使用，是当前教育评价领域的一个研究热点。形成性评价关注学生的学习过程，通过持续地观察和反馈，帮助学生及时调整学习策略。总结性评价则在学期末或学习单元结束时进行，检验学生的学习成果。根据布鲁姆的教育目标分类学，形成性评价和总结性评价的结合使用，有助于实现布鲁姆认知领域目标的各个层次，从知识记忆到理解、应用、分析、综合和评价。在"轻重难分的'失而复得'"活动中，教师通过让学生记录和反思自己的情感变化，运用形成性评价跟踪学生的情感发展和写作进步。同时，通过总结性评价，教师检查学生的写作成果，帮助学生认识到自己在表达和自我认知方面的成长。这种结合使用两种评价方式的方法，有助于学生更好地认识自我，建立自信，促进学生的深度学习。

3. 个性化反馈

个性化反馈是根据学生的特点和需求，提供有针对性的反馈和建议。这种反馈方式体现了对学生个体差异的尊重和对学生个性发展的支持。根据卡尔·罗杰斯的人本主义教育理论，教育应当关注学生的自我实现和个性发展，个性化反馈正是实现这一目标的重要手段。在"《富饶的西沙群岛》段落仿写"活动中，教师通过分析学生仿写作品的田野小记，指出学生在写作中的亮点和需要改进的地方。例如，对于能够明确段落中心句的学生，教师鼓励其继续保持，并建议加入更多个人的想法和感受；对于在修辞手法运用上表现出色的学生，教师表扬其创新思维，并提出进一步的学习建议。这种个性化的反馈，不仅帮助学生了解自己的优势和改进空间，也激发了学生的学习动力，促进了学生的个性化发展。个性化反馈的实施，需要教师具备深厚的教育理论知识和丰富的教学经验，以便准确把握学生的学习特点和需求，为学生提供真正有价值的反馈和建议。

五、结语

通过上述策略的实施，教师随笔在教学中的应用能够更加深入和广泛，不仅提升教学效果，也促进学生的全面发展。教师的观察和记录成为教学过程中不可或缺的一部分，为一线教师提供了宝贵的经验和启示。教师的这些努力，最终将帮助学生在成长的关键期实现自我认知的飞跃，为他们的未来奠定坚实的基础。

田野笔记与同伴互动关系发展

同伴关系在儿童社交技能的发展中起着至关重要的作用。教师可以通过田野笔记记录学生的同伴互动，了解学生在社交环境中的表现，并据此提供适当的指导和支持。同时，教师还可以通过发展积极的同伴文化，帮助学生建立健康的人际关系。

一、同伴互动的观察与分析

同伴互动是儿童社会化过程中的核心环节，它对发展儿童的情感、社交技能和认知能力都有着深远的影响。

1. 社交技能的培养与发展

社交技能的培养是儿童教育中的重要组成部分。在"同学分享'新鲜'事"活动中，学生们有机会站在全班面前，分享他们暑假期间的经历。例如，一位学生会讲述他去海边度假的有趣故事，而另一位学生会分享她学习新乐器的经历。在这个过程中，学生们不仅学习如何表达自己的想法和感受，还学习如何倾听他人、如何提问和回应，以及如何在公众面前展现自信。这种互动式的学习环境让学生在实践中培养了社交技能，如轮流发言、尊重他人、表达同理心等。通过这样的活动，学生们能够更好地理解社交规则，提高他们的社交参与度，从而促进他们的社交技能发展。

儿童正是通过与同伴的互动来发展社交自我，并形成社会角色。在上述活动中，学生们通过分享和交流，学习了社交互动中的表达和规则，从而发展了社交技能。这种学习过程不仅涉及语言交流，还包括了非语言的社交信号，如肢体语言和面部表情，这些都是社交互动中不可或缺的部分。

2. 同伴互动中的个性化发展

同伴互动为儿童提供了一个展现个性和创造力的平台。在"'新鲜'表达有招式"活动中，教师鼓励学生用独特的方式描述他们对校园生活的感受。一位学生用诗意的语言描述操场上的活动——同学们的笑声如同跳跃的音符，编织成一首充满活力的交响乐，而另一位学生则用幽默的比喻来讲述课堂上的小插曲——当老师提问时，教室里突然变得安静极了，我们都变成了木头人，生怕被点名。这种个性化的表达不仅展示了学生的语言才华，也反映了他们的个性和创造力。

这种个性化表达的鼓励与马斯洛的需求层次理论中的自我实现概念相吻合，该理论认为个体有实现其潜能和创造性的需求。教师通过提供自由表达的环境，支持学生探索和表达自己的独特视角，从而满足他们自我实现的需求。这不仅促进了学生的语言发展，也增强了他们的自信心和自我认同感。通过这种方式，每个学生都能够在同伴互动中发出自己的声音，这对于他们的个性成长至关重要。

3. 同伴互动中的情感与认知影响

同伴互动在儿童的情感和认知发展中扮演着至关重要的角色。通过参与写作活动，学生们不仅在社会互动的背景下锻炼了认知与道德判断能力，还在情感表达和自我反思方面取得了显著进步。在"暴雨停课真'新鲜'"活动中，学生们被鼓励记录和分享他们对意外停课事件的个人感受，这样的写作活动成为他们情感表达和自我探索的重要渠道。

在写作过程中，学生们描述了自己对暴雨和停课的直接反应，如紧张、兴奋或担忧，并进一步探讨了这些情感背后的深层原因。他们开始思考自己的情感如何与个人行为和决策相互关联，这种自我反思的能力促进学生们构建更为成熟和综合的思维模式。

此外，学生们通过与同伴分享和讨论写作内容，获得了社会反馈，这进一步推动了他们的认知和道德发展。同伴间的交流激发了新的想法，挑战了既有观点，并鼓励学生们从多角度思考问题。这种互动性质的写作和讨论活动，不仅提升了学生们的语言表达能力，也加深了他们对社会现象和道德规范的理解。

二、教师在同伴关系发展中的指导作用

教师在塑造积极的同伴互动和促进学生社会化过程中扮演着关键角色。以下是对教师在同伴关系发展中指导作用的深入分析，并给出了具体的教学活动和理论支撑。

1.促进同伴互动的教学策略

社交技能的培养是儿童教育中不可或缺的一环，它对于儿童的全面发展具有深远的影响。在"两个三（4）班的生日会"活动中，教师精心设计了一种互动教学策略，通过引导学生共同策划生日会，激发了学生们的合作精神和团队意识。

在活动过程中，学生们不仅学习到了如何协作和分享，还体验到了班级团结一致的力量，这对于他们社交技能的提升和集体认同感的建立具有重要意义。学生们在策划活动中需要分工合作，有的负责装饰教室，有的负责准备生日蛋糕，还有的负责组织游戏和活动。这样的分工

不仅让每个学生都参与进来，还让他们体会到了团队合作的重要性。在活动实施过程中，学生们通过沟通和协商，学会了如何表达想法，同时也学会了倾听和尊重他人的意见。这种互动式的学习环境让学生在实践中培养了社交技能，如轮流发言、尊重他人、表达同理心等。

2. 教师作为同伴互动的促进者

在教育过程中，教师的作用远超过知识的传递者，他们还是社交互动的引导者和社会凝聚力的构建者。在"轻重难分的'失而复得'"活动中，教师巧妙地扮演了促进者的角色，通过一系列精心设计的讨论和反思活动，引导学生深入理解团队合作的内涵和价值。在这个过程中，学生们学会了倾听、尊重不同的观点，并尝试从他人的角度思考问题。教师的引导帮助学生们认识到，团队合作不仅仅是完成一项任务，更是一种促进个人成长和社会交往的重要方式。

在这样的课堂互动中，学生们不仅在社交层面建立了更紧密的联系，而且在认知和道德层面也得到了显著的发展。教师的引导让学生认识到，每个人的行为和选择都会对团队产生影响，而团队的成功往往依赖于每个成员的贡献和协作。这种认识对于学生未来的社会交往和职业发展具有重要意义。

3. 教师在冲突解决中的角色

在学生的社会互动中，冲突是不可避免的，而教师在这一过程中扮演着至关重要的角色。以"成语接龙PK赛"为例，当比赛中出现争议时，教师的及时介入不仅缓解了紧张气氛，而且通过引导学生进行开放性和建设性的讨论，帮助他们学会了如何通过协商来解决问题。教师的这种积极介入，不仅传授了解决分歧的沟通技巧，还增强了学生处理冲突的能力。

在这个过程中，教师运用了冲突社会学理论中的方法，将冲突转变为教学的契机。通过引导学生识别问题、表达观点、倾听他人意见，并共同寻找解决方案，教师帮助学生明白了尊重和理解他人立场的重要性。这种教学方式不仅提升了学生的社交技能，还促进了他们情感和认知的发展。

三、同伴文化的构建与影响

同伴文化在儿童和青少年的成长过程中扮演着极其重要的角色。它不仅影响着儿童的价值观、行为模式和社交技能，还在他们的个人身份认同和道德观念形成中起着关键作用。

1. 同伴文化的正面影响

社会责任理论强调同伴文化在塑造个体行为和价值观中的作用。在教育实践中，同伴文化可以通过积极的社交互动和合作学习，对学生的学习成果和个性发展产生积极影响。例如，在"《富饶的西沙群岛》段落仿写"活动中，学生通过小组合作学习写作技巧，共同探讨如何更好地表达文本内容。这种同伴互助的文化不仅提高了学生的写作能力，还培养了他们的合作精神和团队协作能力。在小组合作中，学生们相互学习、相互启发，共同解决写作难题，这种经历对于他们的社交技能和创造力发展都是有益的。

同伴文化还能够促进学生之间的情感支持和认同感。在一个积极的同伴文化环境中，学生们能够感受到归属感和被接纳感，这对于他们的自尊心和自信心的建立至关重要。教师可以通过组织各种团队活动和合作项目，鼓励学生之间正面互动，从而营造一个支持性和包容性的学习氛围。

2. 同伴文化中的挑战与应对

同伴文化包含多种文化元素，如信仰、习俗和物质文化等，这些元素共同影响个体行为。在同伴文化的构建过程中，学生可能会面临多样性和差异性的挑战，如不同的兴趣爱好、价值观念和行为习惯等。在"暴雨停课真'新鲜'"活动中，教师引导学生理解和尊重不同观点。面对暴雨停课这一突发情况，学生们有着不同的反应和感受，有的兴奋，有的担忧，有的感到无聊。教师通过引导学生分享各自的经历和感受，帮助他们认识到每个人都有自己独特的视角和情感体验。这种教学策略不仅帮助学生学会了如何在同伴文化中处理多样性和差异性，还培养了他们的同理心和尊重他人的能力。

为了应对同伴文化中的挑战，教师可采取多种策略，如开展多元文化教育、促进同伴间的对话和交流、提供解决冲突的技巧培训等。通过这些方法，学生可以更好地理解和接纳不同的文化与价值观，从而在多元化的同伴文化中找到自己的位置。

3. 同伴文化对个体行为的塑造

同伴文化通过规范和共有价值观来塑造个体行为。在儿童成长的不同阶段，同伴文化对个体行为的影响尤为显著。在"'新鲜'表达有招式"活动中，教师引导学生学习新鲜表达方式，鼓励他们尝试不同的写作风格和技巧。这种教学方法不仅提高了学生的语言表达能力，还促进了他们对新表达方式的接受和运用。

在同伴文化的影响下，学生们往往会模仿和学习同伴的行为与习惯。例如，在一个重视阅读和写作的同伴群体中，学生们更可能养成阅读和写作的习惯。同样，在一个鼓励创新和批判性思维的同伴文化中，学生们更可能发展出独立思考和解决问题的能力。

教师可以通过建立积极的同伴文化，引导学生形成良好的行为习惯和学习态度。例如，教师可以鼓励学生之间互帮互助、合作学习和共享资源。通过这些活动，学生们不仅能够在学习上取得进步，还能够在社交技能和道德观念上得到发展。

四、同伴互动与情感发展

同伴互动在儿童情感发展中扮演着重要角色，它不仅影响儿童的情感健康，还是同理心培养和情感表达的关键途径。

1. 同伴支持对情感健康的贡献

同伴关系在儿童情感健康中扮演着至关重要的角色。在"轻重难分的'失而复得'"的信息课事件中，学生们体验了从失望到喜悦的情感转变。例如，当英语考试被取消，学生们最初感到失望，他们分享了自己的失落感："我们准备了这么久，突然取消了，感觉有点难过。"但随后的恢复信息课又带来了喜悦，学生们互相庆祝："太棒了，我们可以继续上有趣的信息课了！"

在这个过程中，学生们通过分享自己的感受，相互提供了情感支持，这不仅增强了他们的情感韧性，还加深了同伴间的联系。教师的引导帮助学生们理解，情感的表达和分享是建立支持性同伴关系的重要方式。由此可见，同伴之间的这种互动对于儿童情感健康的发展至关重要。

2. 同伴互动中的同理心培养

同伴互动是培养同理心的有效途径，它通过共同的经历和情感交流，帮助儿童理解和感受他人的情绪与观点。在"成语接龙PK赛"这一活动中，学生们不仅在语言技能上得到了锻炼，更在情感层面获得了深刻的同理心教育。例如，当一位学生在紧张的比赛中忘记了成语，队友的一句"没关系，我们支持你"，不仅缓解了紧张情绪，也体现了团队间的相互理解和支持。即使在竞争氛围中，学生们也能表现出对对手的尊重和同理心，如在对方队伍失误时，学生们会鼓励说："不要气馁，每个人都有不顺利的时候。"通过这样的互动，教师引导学生反思自己的感受和行为，认识到尊重和理解他人观点的重要性。

同伴互动是儿童学习从他人视角感受和理解世界的重要途径。教师通过建立一个积极的同伴文化环境，鼓励学生之间互帮互助和合作学习，如在小组讨论中分享想法，在团队项目中共同解决问题，这些都有助于培养学生的同理心和团队精神。在同伴文化的影响下，学生们倾向于模仿和学习同伴的行为与习惯。在一个鼓励同理心和合作的同伴群体中，学生们更可能养成关心他人和团队合作的习惯。

3. 同伴互动与情感表达

情感社会学理论强调情感表达在社会互动中的作用。在"暴雨停课真'新鲜'"活动中，学生们被鼓励表达自己对突发事件的情感反应。例如，有学生写道："雨声让我感到害怕，但想到不用去上学，又有点兴奋。"通过写作，学生们描述了对暴雨和停课的不同感受，有的感到兴奋，有的感到担忧，有的则感到无聊。这种情感表达不仅帮助学生们更好地理解自己的情感状态，也促进了同伴之间的情感交流和相互理解。教师通过提供反馈和鼓励，支持学生的情感表达，帮助他们学会如何以健康的方式表达和处理情感。盖伦的理论进一步阐释了情感表达对于个体社会化过程的重要性，并指出它是个体与社会环境互动和适应的关键机制。

五、同伴互动的课堂实践

同伴互动是课堂教学中的重要组成部分，它能够有效提升学生的学习动机，增强社交技能，并促进自我概念的发展。

1. 同伴互动的教学设计

互动教学理论强调通过设计促进同伴互动的教学活动，可以有效提升学生的学习动机和参与度。在"同学分享'新鲜'事"活动中，教师巧妙地安排了小组讨论，让学生分享暑假期间的新奇体验。这种设计不仅激活了学生的兴趣，还锻炼了他们的口语表达和社交技能。例如，一位学生分享了他在玉龙雪山的不寻常经历，没有看到雪的失望成为他故事的焦点，这样的分享增加了学生对不同文化和经历的认识，同时也锻炼了他们的倾听和理解能力。在这种互动学习环境中，学生们通过讨论和交流，相互启发，共同进步。他们学会了如何更好地理解同伴的观点，如何尊重不同的文化背景，以及如何在集体中发出自己的声音。

此外，教师鼓励学生运用所学的成语和诗句来丰富他们的叙述，这不仅提高了学生的语言表达能力，也加深了他们对语言美的感悟。这样的教学设计，让学生们在充满支持性和包容性的环境中学习，可以鼓励学生探索、创造和表达自己，同时也促进了他们社交技能的发展。

2. 同伴评价与自我反思的结合

同伴评价是一种强有力的工具，尤其在塑造学生的自我认知和促进个人成长方面发挥着不可替代的作用。以"'新鲜'表达有招式"的写作练习为例，同伴评价不仅激发了学生对自身作品的深刻反思，而且为他们提供了从同伴反馈中学习和成长的独特机会。当一位学生在作文中巧妙地运用了比喻，同伴的评价不仅能够肯定这种创新的表达，还能够提出具体的建议，帮助作者进一步优化语言，使文章更加生动。

更进一步，同伴评价还培育了学生的批判性思维，使他们能够全面分析和评价文本，从而在写作上取得更深层次的发展。在这个过程中，教师的角色转变为促进者和协调者，致力于营造一个充满建设性、开放性和尊重的反馈氛围，更有效地培养学生的自我反思能力和树立终身学习的态度。

3. 同伴互动与学习动机的激发

同伴互动能够满足学生的心理需求，从而激发学习动机。在"两个三（4）班的生日会"续编故事活动中，学生通过团队合作编写故事，深刻体验了协作的乐趣和完成作品的成就感。这种同伴协作的学习方式不仅增强了学生对学习内容的兴趣，也显著提升了他们的学习动机和参与度。在策划给同学李晓明的生日惊喜过程中，学生们表现了创造力和组织能力，同时也体会到了团队精神和集体荣誉感。同伴互动为学生提供了一个自由表达想法的安全环境，这对于培养他们的自信心和自我效能感至关重要。在活动中，学生们积极投入，通过故事创作和同伴交流，表现了想象力和解决问题的能力。

教师在此过程中扮演着关键的引导者和支持者角色，通过适时的指导和反馈，帮助学生在互动中找到平衡，确保每个学生都能成长。教师的这种支持帮助学生建立了积极的学习态度，激发了他们的内在动机，使他们更加渴望探索和学习。

田野笔记与情感教育的融合实践

情感教育，作为教育的根基之一，对于学生的全面发展起着至关重要的作用。它不仅关乎学生的情感发展，更是影响其认知、社交和道德成长的关键因素。在三年级这一学生情感认知和社交技能快速发展的阶段，情感教育的实施显得尤为迫切和重要。

一、情感教育的理论基础

1.情感教育的理论支撑

情感教育的力量支撑主要来自心理学领域的几个关键理论，这些理论不仅阐释了情感发展的重要性，还为教育实践提供了指导，特别是在三年级学生的情感教育中。

（1）埃里克·H·埃里克森的心理社会发展理论

埃里克森的理论强调了个体在不同生命阶段所面临的特定心理社会危机，以及解决这些危机对于个体发展的重要性。学龄期（6~12岁）属于"勤奋与自卑冲突"阶段，在这个阶段孩子们开始探索环境并尝试新事物，这是他们发展主动性和目的感的关键时期。对于三年级学生而言，这意味着教育者应当提供一个充满鼓励和支持的环境，让学生能够自由探索、尝试并从错误中学习，从而培养他们的自我价值感和目标感。

（2）丹尼尔·戈尔曼的情感智力理论

戈尔曼的情感智力理论提出了情感智力的概念，包括自我意识、自我调节、社会技能、同理心和动机等方面。这些能力对于个体的社交互动和个人成就至关重要。三年级的学生正处于学习如何管理自己情感和理解他人情感的阶段，情感教育应当帮助他们识别和表达自己的情感，同时培养对他人的同理心，这将有助于他们发展积极的人际关系和社会适应能力。

（3）卡尔·罗杰斯的人本主义教育理论

罗杰斯的理论强调了个体自我实现的重要性，认为教育应当提供一个支持性的环境，让学生能够自由地探索自我，实现个人潜能。对于三年级学生，这意味着教育者应当尊重学生的独特性，通过个性化的教学方法和积极的反馈，帮助学生建立自信，激发他们的学习兴趣和创造力。

2. 三年级学生情感发展的特点

三年级学生正处于一个关键的转变期，从具体思维向抽象思维过渡，这一过程深刻影响着他们的情感认知和表达。例如，在"同学分享'新鲜'事"活动中，学生们通过分享个人经历，不仅锻炼了语言表达能力，也在情感上得到了显著的发展。他们学会了如何表达自己对特定事件的感受，如何倾听和理解同伴的经历，这些都是情感认知和社交技能的重要组成部分。

在情感调节方面，三年级学生开始尝试采取不同的策略来应对负面情绪。如在"暴雨停课真'新鲜'"活动中，学生们通过写作活动，被鼓励记录和分享对意外停课事件的个人感受。这样的活动不仅提供了情感表达的渠道，也帮助学生学习如何通过写作来调节和理解自己的情感体验。

随着情感认知和调节能力的提升，三年级学生的社交技能也在发展。他们更加关注同伴关系，开始建立更深层次的友谊，并能更好地理解和尊重他人的感受。在"两个三（4）班的生日会"活动中，教师通过引导学生策划生日会，激发了学生的合作精神和团队意识。在这个过程中，学生们不仅学习到了如何协作和分享，还体验到了班级团结一致的力量，这对于他们社交技能的提升和集体认同感的建立具有重要意义。

在自我概念的巩固方面，三年级学生对自己的能力和价值有了更清晰的认识，并开始形成个人的信仰和价值观。教育者可以通过鼓励学生参与决策过程和自我反思活动，帮助他们建立积极的自我形象和自尊心。例如，在"轻重难分的'失而复得'"的信息课事件中，学生们体验了从失望到喜悦的情感转变，教师的引导帮助学生们理解，情感的表达和分享是建立支持性同伴关系的重要方式。

3. 情感教育的应用价值

情感教育不仅促进了学生社交技能的提升、道德观念的建立、心理健康的维护，还满足了学生的自我实现需求，并培养了他们的情感智力。

（1）社交技能的提升

情感教育通过促进学生之间的互动，显著增强了他们的社交技能。例如，在"成语接龙PK赛"中，学生们通过团队合作和竞赛，学习了如何协作和沟通，这种活动不仅锻炼了他们的社交技能，也增强了团队意识。这种社交技能的培养，如轮流发言、尊重他人、表达同理心等，是社交互动中不可或缺的部分。这与相关研究一致，即情感教育可以显著提高学生的社交合作能力。

（2）道德观念的建立

情感教育在帮助学生建立正确的道德观念方面发挥着关键作用。在"《富饶的西沙群岛》段落仿写"活动中，学生通过小组合作学习写作技巧，共同探讨如何更好地表达文本内容，这种同伴互助的文化不仅提高了学生的写作能力，还培养了他们的合作精神和团队协作能力。这种文化促进了学生之间的情感支持和认同感，有助于学生形成道德观念。

（3）心理健康的促进

情感教育为学生提供了表达情感的机会，对他们的心理健康具有积极影响。在"《富饶的西沙群岛》段落仿写"活动中，学生通过写作表达自己对文本内容的理解和感受，这样的活动成为情感表达和自我探索的重要渠道。这种自我反思的能力促使学生构建更为成熟和综合的思维模式，促进学生的心理健康。

（4）自我实现的满足

情感教育鼓励学生探索和表达自己的独特视角，满足他们的自我实现需求。在"从苏轼那儿流淌到校园的秋意"活动中，学生通过观察校园中的自然景象，理解苏轼的诗句，并尝试自己创作，这种活动激发了学生的创造力和表达欲望。通过提供丰富的写作素材和练习机会，教师满足了学生在语言智能和自然观察智能领域的发展需求，促进了他们学习潜力的发挥和认知能力的提升，体现了需求层次理论中个体实现潜能和创造性的需求。

（5）情感智力的培养

情感教育还包括情感智力的培养，即个体识别、理解、调节自己和他人情感的能力。在"'我手写我见'的上学路"活动中，学生记录自己上学途中的自然景观，并尝试用诗意化的语言描述，这样的写作练习不仅提升了学生的写作技巧，也锻炼了他们的情感认知和表达能力。这种活动帮助学生理解自己的情感状态，提高了他们的情感调节能力。

二、情感教育中的实践案例分析

1. 情感体验的记录与分享：暴雨停课的情感教育

情感教育的核心在于帮助学生认识、理解和表达自己的情感。在"暴雨停课真'新鲜'"活动中，教师巧妙地利用了一个不可预测的事件——暴雨导致的停课，将其转化为情感教育的实践机会。学生们通过写作活动记录下自己对这一突发事件的感受，例如，有学生描述到："雨声让我感到害怕，但想到不用去上学，又有点兴奋。"这种直接的情感表达不仅帮助学生更好地理解自己的情感状态，而且促进了同伴之间的情感交流和相互理解。

教师在这一过程中提供反馈和鼓励，支持学生的情感表达，帮助他们学会了如何以健康的方式表达和处理情感。具体来说：

（1）个性化反馈：当学生分享了他们对暴雨的感受，如"雨声让我感到害怕，但想到不用去上学，又有点兴奋"。教师给予个性化的反馈，比如："这两种复杂情感的表达，显示了暴雨带给你的深刻体验。"

（2）情感认同：教师通过表达对情感的认同来鼓励学生，例如："是啊，暴雨确实可能让人感到害怕，同时对于休息一天的期待也是人之常情。"

（3）引导深入探讨：通过提问："你能再多分享一些，是什么让你感到兴奋吗？是因为可以在家做一些你喜欢的事情吗？"教师鼓励学生进一步探讨他们的情感体验。

（4）正面强化：对于学生能够积极表达情感的行为，教师给予正面强化，比如："你分享的内容非常有意义，它帮助我们更好地理解了不同的人对同一事件可能有不同的感受。"

（5）提供情感表达的策略：教师可教授学生不同的情感表达策略，如："除了用文字表达外，你还可以试着画幅卡通画或唱首歌，这些都是表达情感的好方法。"

（6）建立情感支持环境：教师确保教室是一个安全的环境，学生可以自由地表达情感，而不必担心被嘲笑或误解。教师可以通过建立班级规范来鼓励尊重和同理心。在手记中，可以看出学生是不拘束的、自由进行表达的，可见当时的教室给予了学生安全感。

（7）情感随笔：教师鼓励学生写随笔，记录他们每天的情感变化，然后在适当的时候与学生进行一对一的讨论，提供个性化的指导。

2.情感引导与团队合作：失而复得的情感转变

在"轻重难分的'失而复得'"事件中，教师通过一系列精心设计的讨论和反思活动，引导学生深入理解团队合作的内涵和价值。当英语考试被取消时，学生们最初感到失望，他们分享了自己的失落感："我们准备了这么久，突然取消了，感觉有点难过。"但随后恢复的信息课又带来了喜悦，学生们互相庆祝："太棒了，我们可以继续上有趣的信息课了！"

教师的引导帮助学生们理解，情感的表达和分享是建立支持性同伴关系的重要方式。这种教学策略不仅帮助学生学会了如何在同伴文化中处理多样性和差异性，还培养了他们的同理心和尊重他人的能力。具体引导策略如下。

（1）情感识别与命名：教师首先帮助学生识别和命名他们的情感体验。例如，当英语考试被取消时，教师可以询问学生："你们现在感觉怎么样？你们能用一个词来形容自己的感受吗？"通过这种方式，学生能够学会识别和表达"失望"与"难过"。

（2）情感表达的机会：教师为学生提供了表达情感的机会，鼓励他们分享失落感的原因，如："我们准备了这么久，突然取消了，感觉有点难过。"这种分享有助于学生感受到被理解和支持。

（3）情感共鸣与支持：教师通过共情的方式回应学生的情感，比如："我理解你们为什么会失望，取消期待已久的活动确实令人沮丧。"这样的回应可以增强学生的安全感和归属感。

（4）情感转变的引导：当信息课恢复时，教师引导学生认识到情感可以变化，并鼓励他们表达新的情感状态，如："现在我们又能继续上信息课了，你们有什么感觉？"

（5）情感的集体庆祝：教师带领学生一起庆祝失而复得的喜悦，强化团队精神和集体情感的正面体验。例如，组织一个小小的庆祝活动或让学生分享他们的喜悦。

（6）反思与讨论：教师引导学生进行反思，讨论他们如何处理和调节从失望到喜悦的情感转变，以及在这一过程中学到了什么。

（7）同理心的培养：通过讨论，教师鼓励学生思考其他同学可能的感受，培养同理心，如："你们中有些人可能比其他人更失望或更高兴，我们如何支持彼此呢？"

（8）情感管理的策略：教师提供情感管理的策略，如深呼吸，或进行积极的自我对话，帮助学生学会在面对情感波动时保持冷静。

（9）情感教育的整合：教师将情感教育融入日常教学中，如在团队合作任务中强调沟通和尊重的重要性，以及如何表达和理解团队成员的情感。

3.情感教育与团队协作：生日会中的正面互动

在"两个三（4）班的生日会"活动中，教师通过组织生日会活动，鼓励学生之间正面互动，从而营造一种支持性和包容性的学习氛围。活动中，学生们通过小组合作学习写作技巧，共同探讨如何更好地表达文本内容。这种同伴互助的文化不仅提高了学生的写作能力，还培养了他们的合作精神和团队协作能力。

教师的引导让学生认识到，每个人的行为和选择都会对团队产生影响，而团队的成功往往依赖于每个成员的贡献和协作。这种认识对于学生未来的社会交往和职业发展具有重要意义。情感教育应结合认知发展和情感发展，通过多样化的教学活动，如角色扮演、情感随笔、情感故事分享等，来培养学生的情感能力。课堂上，教师具体的引导策略如下。

在"两个三（4）班的生日会"活动中，教师的引导策略可以进一步细化，以确保情感教育的深度和广度。以下是一些优化后的引导策略，结合原文中的具体语句进行阐述。

（1）情感预期的引导：在活动前，教师引导学生思考并表达他们对生日会的期待。例如询问："你们希望在生日会中有什么样的感受？"这样可以让学生提前思考并准备以积极的情感参与活动。

（2）团队角色的明确：教师帮助学生在小组合作中明确各自的角色和责任，如"你在这个团队中扮演什么角色？你如何通过这个角色为团队做出贡献？"这有助于成员感到自己的重要性和参与感。做好小组分工，可以让团队协作落到实处。

（3）写作技巧的具体指导：在小组合作学习写作技巧时，教师可以提供具体的写作指导，如："我们如何更好地布置生日会的现场？"并引导学生探讨不同的写作策略。

（4）情感表达的鼓励：鼓励学生在写作中表达情感，如在描述生日会的期待时，可以让学生写出具体的情感体验。例如："想到能和朋友们一起庆祝生日，我感到非常兴奋和期待。"

（5）同伴评价的实施：在小组合作结束后，教师可以引导学生进行同伴评价，如："你觉得你队友的写作有哪些优点？有哪些可以改进的地方？"这样的互动可以增进团队成员间的理解和尊重。

（6）情感体验的即时分享：在创编的生日会中，教师可以创造机会让学生即时分享他们的情感体验，如在吹蜡烛环节，学生可以表达："在大家的歌声和祝福中，我感到了被爱的幸福。"

（7）团队合作的反思：生日会结束后，教师组织一次反思，让学生讨论他们在团队合作中遇到的挑战和取得的成就。例如："我们今天作为一个团队做得怎么样？我们如何在未来做得更好？"

（8）情感教育的总结：教师总结生日会中的情感教育要点，强调团队合作和正面情感表达的重要性，如"今天的生日会不仅让我们庆祝了生日，也让我们学会了如何在团队中进行协作。"

（9）家庭和社区的联动：针对有些学生没有生日会的体验，教师可倡议家长给孩子组织一次特别的生日会，可以在教室进行集体生日，也可以在户外举行生日庆祝会，让孩子参与整个生日会过程，看到孩子在合作中的成长。

三、情感教育对三年级学生心理健康的积极影响

1. 情感教育与学生心理韧性的培养

情感教育的核心在于帮助学生认识和管理自己的情绪，这对于他们的心理韧性至关重要。如"暴雨停课真'新鲜'"的例子，生动地展示了情感教育如何帮助学生应对突发情况。面对暴雨导致的停课，学生们经历了从惊讶、失望到接受和重新规划一天活动的情感过程。在这个过程中，教师引导学生通过随笔写作来表达和理解自己的情感，帮助他们认识到每种情绪都是正常的，并通过积极的方式来调整心态。例如，

一位学生在随笔中写道:"虽然不能去学校,但我可以在家看书,这也是一个学习的机会。"这种积极的心态转变是心理韧性培养的体现,学生学会了在逆境中寻找积极的方面,从而增强了他们应对未来挑战的能力。

从上面的例子中,我们可以看到情感教育不仅是关于情感的认知,更是关于如何将这些认知转化为实际行动的策略。教师的引导帮助学生理解情感的多样性,并鼓励他们发展适应性行为,这些都是心理韧性的重要组成部分。通过情感教育,学生不仅学会了表达情感,还学会了如何在面对压力和不确定性时保持冷静与积极的态度。

2. 情感教育与学生社交能力的提升

通过"成语接龙PK赛"这一活动,学生们不仅锻炼了语言技能,更重要的是,他们在过程中学会了同理心和团队合作。当一位学生在比赛中忘记了成语,队友的一句"没关系,我们支持你"不仅缓解了该生的紧张情绪,也展现了团队精神的力量。这种情境下的教育,使得学生在实际的社交互动中,能够体验到支持与被支持的感受,从而增强了他们的社交技能。

教师在这一过程中扮演着至关重要的角色。通过创造积极的同伴文化环境,教师鼓励学生在小组讨论中分享想法,在团队项目中共同解决问题。这些活动不仅提升了学生的情感认知,还锻炼了他们的社交技巧。例如,教师可以组织学生进行角色扮演,模拟不同的社交场景,让学生在安全的环境下练习社交技能,学习如何有效地沟通和解决冲突。在一个鼓励同理心和合作的同伴群体中,学生们更可能养成关心他人和团队合作的习惯。这种社交能力的提升,有助于学生在未来的学习和生活中建立与维护积极的人际关系。

3.情感教育与学生自我概念的形成

情感教育同样对学生自我概念的形成具有深远的影响。在"'我手写我见'的上学路"这一活动中，教师的积极反馈不仅增强了学生的自我价值感，还帮助他们意识到自己的写作潜力。教师对学生写作练习的高度评价："你的描述让那条路仿佛就在眼前。"这样的正面评价，不仅让学生感受到自己的价值，更激发了他们继续探索和学习的热情。

通过情感教育，学生学会了如何正面地认识和评价自己。教师的期望和积极反馈提升了学生的自我效能感，帮助他们建立起积极的自我形象。例如，教师可以通过观察学生在课堂讨论中的表现，提供个性化的反馈，指出他们的独特之处和改进空间。这种个性化的关注和支持，让学生感受到自己的每一次努力都被看见和珍视，从而更加自信地迎接每一个成长的机遇。

情感教育通过提供安全的环境和积极的反馈，帮助学生建立起积极的自我认知。这种自我认知的提升，对于学生的个人成长和学业成就都有着不可忽视的重要作用。通过这种方式，学生不仅学会了知识技能，更重要的是学会了如何认识自己、评价自己，并在此基础上不断成长和进步。

田野笔记在质性研究中的运用与创新

质性研究是一种研究方法论,它侧重于理解人类行为、经验和社会现象的本质。与量化研究侧重于通过数值数据进行分析不同,质性研究通过观察、访谈、文档分析等非数值化手段来探索和描述研究对象。在教育领域,质性研究尤其关注教育过程中的细节和深度,它帮助研究者捕捉到学生的个性化反应、情感体验和认知发展,这些都是量化方法难以全面涉及的。质性研究的结果通常以文字描述的形式呈现,强调对教育现象的深入理解和解释。

一、田野笔记的理论基础与实践应用

在小学教育中,教师运用质性研究工具,如田野笔记,可以深入洞察学生的学习过程和情感体验。田野笔记记录了学生在课堂互动、小组讨论、个人作业等教育活动中的表现,为教师提供了丰富的第一手资料。通过这些记录,教师能够捕捉到学生的非言语行为、情感表达和认知反应,从而更全面地理解学生的学习需求和挑战。

1. 质性研究工具的多元化应用

田野笔记的应用不仅限于记录学生的行为,更重要的是理解行为背后的动机和情感。例如,在"'我手写我见'的上学路"活动中,一位学生通过写作练习，将上学路上的景色描绘得栩栩如生，教师对此给予了高度评价，这种积极的反馈不仅增强了学生的自我价值感，也让他意识到自己的写作潜力。这体现了建构主义理论，即学习是通过个体与环境的互动而发生的，学生在与教师的互动中构建了对自身写作能力的认识。

田野笔记作为质性研究工具，可以帮助教师记录和分析学生的批判性思维表现。例如，在"'新鲜'表达有招式"活动中，教师引导学生运用拟人等修辞手法表达"新鲜"的概念。学生不仅要理解拟人的含义，还要创造性地应用到不同的语境中，这一过程锻炼了学生的分析和创造性思维能力。在"轻重难分的'失而复得'"活动中，学生通过随笔记录了对突发事件的反应。教师通过田野笔记分析学生如何从不同角度理解和解释事件，如何表达个人观点，并在此基础上引导学生进行深入讨论。这种教学策略鼓励学生质疑常规思维，培养了他们的批判性思维。

2.教育现象的深层次解读

田野笔记在教育实践中是一种多维度的质性研究工具，它帮助教师深入理解学生需求，促进学生自我认知的提升，实施情感教育，分析同伴互动关系，创新教学内容与方法，并提供个性化的教育反馈。此外，它还支持教学策略的个性化设计，积极影响学生的心理健康和社交能力，是教育评价和实践观察中不可或缺的工具。以下是对"'消失'的契机"课堂趣事记录的深层次、多方面解读。

（1）学生行为的即时反应分析

在"'消失'的契机"活动中，学生对于突如其来的课堂变化（如教师的突然"消失"）的即时反应被详细记录。教师通过田野笔记捕捉到学生最初的困惑、随后的兴奋和担忧，以及最终的放松和笑声。这些反应揭示了学生对于不确定性的敏感性和对常规课堂秩序的依赖。

（2）教师决策过程的反思

教师在记录中不仅关注学生的直接反应，还反思自己的决策过程。例如，教师可能会思考："我是否应该提前告知学生这一变化？这样的突发事件是否对学生的安全感造成了影响？"通过这种反思，教师能够更好地理解自己的教学风格和学生的需求。

（3）教育契机的捕捉与利用

教师通过田野笔记分析了如何将这一突发事件转化为教学资源。例如，教师可以利用这一事件作为讨论课堂规则、应对不确定性和培养创造性思维的契机。通过引导学生讨论他们的感受和想法，教师促进了学生的自我表达和批判性思维。

（4）学生参与度和学习兴趣的提升

教师在田野笔记中记录了学生对这一事件的持续兴趣和参与度。通过将这一事件与课程内容联系起来，教师激发了学生对学习主题的好奇心和探究欲。例如，教师可以引导学生探讨"消失"的概念在文学作品中的象征意义，或者讨论在科学领域中"消失"现象的实例。

（5）其他方面的解读

通过对田野笔记的深入分析，教师可以识别出学生行为背后的多种可能解释，如学生对权威的反应、对同伴关系的依赖、对新奇体验的追求，等等。同时，教师也能够反思自己的教学方法，考虑如何更好地满足学生的学习需求，如何创造一个支持性和挑战性的学习环境。

3. 质性研究工具的操作步骤

在教育研究中，质性研究工具的应用是为了深入理解教育现象的本质和多样性。通过田野笔记，教师能够捕捉到学生在自然状态下的行为和反应，从而揭示学习过程中的内在动机、情感态度和社会互动模式。

这种方法不仅丰富了教师对学生学习经验的认识，也为教学实践提供了宝贵的洞察力。为了确保观察的系统性和有效性，教师需要遵循一系列精心设计的操作步骤。

（1）明确观察目的

在进行观察之前，教师需要明确观察的目的和焦点，如了解学生在小组讨论中的表现或评估学生对新教学内容的理解程度。

（2）设计观察计划

教师应制订详细的观察计划，包括观察的时间、地点、对象和方法。例如，教师可以选择在小组讨论时进行非参与观察，记录学生的互动频率和参与度。

（3）实施观察

在观察过程中，教师应尽可能保持客观和中立，避免个人偏见影响观察结果。同时，教师应灵活运用不同的观察策略，如参与观察和非参与观察，以获得全面的信息。

（4）记录和整理数据

教师应使用笔记记录、音频（视频）记录或检查表和评分表等工具来记录观察到的信息。记录应尽可能详细和具体，包括学生的行为、语言表达和情感反应。

（5）分析和解读数据

教师应对收集到的观察数据进行定性分析和定量分析，以识别学生的行为模式和潜在问题。例如，教师可以通过统计分析学生在课堂上发言的次数来评估他们的参与度。

（6）应用观察结果

教师应将观察结果应用于教学实践，如调整教学策略、设计个性化学习路径或提供针对性的学生支持。

二、田野笔记在教学策略创新中的应用

田野笔记不仅记录了课堂的点点滴滴,更是教师理解学生、调整教学策略、促进学生深度学习的重要工具。

1. 实证研究与个性化教学策略

田野笔记作为一种实证研究工具,为教学策略的创新提供了直接的经验和数据支持。

经过对上篇田野笔记数据的分析,我们能够明确指出三年级学生成长的关键点,以及数据在指导教学和促进学生发展中的作用。首先,学生在兴趣驱动下,如在"同学分享'新鲜'事"活动中,表现出更高的参与度,这强调了教学活动应与学生兴趣紧密结合。其次,作业提交情况在"给'新鲜老师'下马威"活动中显示学生在理解任务要求上可能存在困难,这提示教师需要提供更清晰的指导。在"'新鲜'表达有招式"和"轻重难分的'失而复得'"活动中所体现的情感教育,对学生社交技能和同理心的发展至关重要。教师的积极反馈,特别是在"'我手写我见'的上学路"活动中,显著提升了学生的自我认知和自我效能感。此外,观察力与写作技能的结合在"从苏轼那儿流淌到校园的秋意"活动中得到了显著体现,说明观察力对写作能力的提升具有重要作用。最后,差异化教学的必要性在"轻重难分的'失而复得'"活动中得到了强调,表明教师需要根据学生的个体差异来调整教学策略。

2. 教学内容的动态调整与深度学习

教师如何运用田野笔记信息,动态调整教学内容以促进深度学习,是另一个关键的应用。通过对学生行为、情感和学习过程中的细致观察,教师能够及时识别学生的学习需求和潜在问题,从而进行针对性的教学调整。

在"暴雨停课真'新鲜'"与"同学分享'新鲜'事"活动中,这种差异化的教学方法不仅尊重了学生的个体差异,而且促进了学生的深度学习,因为它鼓励学生在社会互动中构建知识,这是深度学习的核心要素之一。

深度学习强调学生在学习过程中的主动探索和深层次认知参与,它要求学生超越表面的记忆,通过批判性思维、反思和创造性活动来构建知识。在田野笔记所记录的教育实践中,促进深度学习的关键策略包括如下方面。

(1)自我反思

随笔写作成为推动学生自我反思的强有力工具。学生被鼓励在随笔中记录个人的感受和经历,如在"暴雨停课真'新鲜'"活动中,他们不仅表达了对突发事件的直接情绪反应,还深入探讨了这些情感背后的深层原因。这种自我探索的过程有助于学生建立起更为成熟和综合的思维模式,促进了他们对个人行为和决策之间联系的理解。

(2)社会互动

小组讨论和同伴合作的活动,如"同学分享'新鲜'事"活动,不仅提供了一个平台让学生分享个人经历,还锻炼了他们的社交技能。在这些互动中,学生学习如何轮流发言、尊重他人观点,并表达同理心,这些都是深度学习中必不可少的社交技能。

(3)差异化教学

识别学生的个性化需求,提供定制化的教学支持,以适应不同学生的学习风格和能力水平,确保每个学生都能在适合自己的方式下进行深度学习。例如,在"'新鲜'表达有招式"活动中,教师根据学生的不同语言水平,设计了多层次的写作指导,使学生都能在自己的能力范围内得到挑战和提升。

（4）知识构建

设计以探究为基础的学习活动，激发学生的好奇心和探究欲，引导他们在实践中发现问题、分析问题并创造解决方案，从而实现知识的主动构建。在田野笔记中，探究类活动是多样的：学生通过观察自然景象进行创意写作的探究，如在"从苏轼那儿流淌到校园的秋意"中，学生被引导去描绘秋天的景色；通过"轻重难分的'失而复得'"的信息课事件，学生体验情感转变并进行反思，类似于案例研究；在"两个三（4）班的生日会"中，学生通过团队合作策划活动，体现了项目式学习的特点。

三、田野笔记促进教师专业发展

教师的专业成长是一个复杂而持续的过程，它不仅包括教学实践的深入反思，还涉及教育经验的交流共享和教育研究方法的创新。田野笔记在这一过程中扮演着至关重要的角色，它为教师提供了一个反思和记录教学实践的平台，从而促进了教师的自我反思和专业发展。

1. 教学反思与策略迭代

教学反思对于教师的专业成长至关重要，而田野笔记则为这一过程提供了丰富的素材和具体的例子。通过细致的观察和记录，教师能够捕捉到学生在课堂上的多样化反应和教学活动的实施细节，这为识别和解决教学问题提供了有力的支持。

例如，在"'新鲜'表达有招式"的写作活动中，教师注意到学生对修辞手法的掌握存在差异。基于这一观察，教师采取了个性化教学策略，为不同水平的学生提供了差异化的写作指导和反馈。这种基于证据的教学改进不仅满足了学生的个性化学习需求，也体现了教师专业成长的一个重要方面。在"轻重难分的'失而复得'"的情感教育活动中，教师通过田野笔记详细记录了学生对突发事件的情感反应。这些记录帮助教师设计了针对性的情感教育活动，引导学生理解和表达自己的情感，从而有效提升了学生的情绪管理能力。

此外，在"两个三（4）班的生日会"活动中，教师利用田野笔记发现了学生对生日会的不同期待和兴趣。基于这些观察，教师巧妙地整合了语文学科和美术学科，引导学生在写作中融入对生日会的细致观察和创意描绘。这种跨学科的教学方法不仅激发了学生的创造力，还促进了学生综合素养的全面发展。

2. 教育经验的网络化共享

教育经验的网络化共享是教师专业发展中一个日益重要的组成部分。在数字化时代背景下，美篇APP、博客、微信公众号等为教师提供了一个展示和交流教育经验的新渠道。通过这种方式，教师不仅能够分享自己的教学案例和田野笔记，还能够获得来自同行的反馈和建议，从而促进了教育资源的交流和专业学习社群的构建。这种交流和合作的环境为教师提供了一个社会化的学习与成长空间，其中教师可以通过互动和共享经验来提升自己的教学实践。

网络共享的教育经验还能引发教师的深入反思。在准备网络分享内容的过程中，教师会对自己的教学实践进行深入的思考和总结，这一过程有助于教师识别和解决教学中的问题，从而提升教学质量。

此外，网络平台的开放性和协作性为教育创新提供了肥沃的土壤。教师可以在这样一个支持性的环境中尝试新的教学理念和方法，并通过同行的反馈进行优化。如"让教室里的东西会动、会说话"的美篇作品，有网友评论："文章通过描述教室中物品会说话、会动的情景，引发读者无限遐想与探究之心。很有启发性！""用拟人化表达不仅可以增强学生对知识点记忆的深度，还激发出创造思维和创意灵感。"这样的评论让教师更加有信心地开展教育创新的实践，而不是囿于教材的常规训练。

3. 教育研究方法的创新

田野笔记作为一种质性研究工具，为教师提供了深入理解学生学习过程和教学复杂性的独特视角。通过案例研究和现象学研究，教师能够捕捉教育实践中的细微变化，从而提升自身的研究能力和教学策略的创新性。

案例研究作为一种深入的教育探索方法，赋予教师洞察个别学生经历或特定教学情境的能力，从而揭示其内在的教育意义和潜在价值。这种方法的应用促进了教师对教育实践的深度反思和理解。在"'消失'的契机"活动中，教师通过记录和分析学生的即时反应，将一个意外的生活事件巧妙地转化为教学资源。这种情境下的案例研究不仅锻炼了教师对教育情境的敏感性和适应性，而且激发了教学创新。通过对这些即时反应的深入分析，教师能够识别和利用教育契机，提升教学的相关性和吸引力。

案例研究的应用使教师能够将教学理论与实际情境相结合，通过具体的学生案例来探索和验证教育理论。这种方法论的实践不仅增强了教师对教育情境的深入理解，而且提高了教学的个性化和有效性。教师通过案例研究，能够更精准地把握学生的学习需求，设计出更具针对性的教学方案，从而实现教学目标的最大化。

现象学研究为教师提供了一种深入洞察学生个体经验的方法，使他们能够从学生的视角探索学习的深层意义。这种方法论的应用促使教师细致捕捉学生的行为表现、情感波动和认知发展，给教学实践带来丰富的洞见。在"轻重难分的'失而复得'"事件的处理中，现象学研究使教师能够深入理解学生对突发事件的情感反应，从而设计出更能满足学生情感需求的教学活动。同时,在"两个三(4)班的生日会"的社交互动中,教师通过现象学研究揭示了学生团队合作、领导力展现以及同伴间互动的微妙变化,这些洞察有助于教师调整教学策略,促进学生社交和情感技能的发展。

现象学研究的应用让教师的教学方法更加人性化和个性化,丰富了教育研究的深度,并为教师提供了一种更细致入微的理解学生的工具,使得教学实践能够更加精准地满足学生的独特需求。

四、田野笔记与教育政策及实践的互动

1. 教育政策的反馈与建议

教育政策的反馈与建议是教育改进与发展的重要环节,其中教师的实践知识和专业视角对政策制定至关重要。首先,教师通过田野笔记记录的教学案例和学生反应,提供了对教育政策影响的直接证据,这些实证分析为政策效果的评估和调整提供了科学依据。其次,教师的反馈和建议,基于对教育实践的深刻理解和对学生需求的准确把握,为政策制定者提供了宝贵的参考,帮助他们从教师的实际操作和学生的实际体验出发,制定更加科学和合理的政策。此外,教师不仅是政策实施的执行者,也是政策制定过程的积极参与者,他们的专业视角和实践经验对于政策的持续改进与发展具有不可替代的价值。

教育政策与教育实践之间的双向沟通对于确保政策的实效性至关重要。田野笔记作为沟通的桥梁,不仅帮助政策制定者了解教育实践的具体情况,而且使教师能够理解政策背后的理念和目标,从而更有效地实施政策。这种双向沟通机制确保了政策制定过程中的开放性和包容性,同时也促进了教师的专业成长和教育实践的创新。

最后,田野笔记为教育政策的持续改进和发展提供了动力。通过定

期的反馈和建议，政策制定者能够及时发现问题并进行调整，确保教育政策始终与教育实践的需求相匹配。教师的声音和经验在这一过程中得到了重视，他们的参与不仅增强了政策的质量和效果，也为教育系统的动态发展和适应性提供了支持。通过这种机制，教育政策能够更好地服务于教育实践，促进教育质量的整体提升。

2. 教育实践的创新与改进

教育实践的创新与改进是推动教育领域向前发展的关键因素，而田野笔记在这一进程中扮演着极其重要的角色。教师利用田野笔记详细记录教学实践中的个人经验和学生的实时反应，这些记录不仅触发了教师对教学方法和策略的创新思考，而且为教育实践的持续改进提供了坚实的实证支持。通过对这些记录的深入分析，教师能够精确识别并解决教学过程中遇到的问题和挑战，进而实现教学实践的个性化和精准化。此外，田野笔记中的深刻见解和反馈为教育政策制定者与实践者之间的沟通搭建了桥梁，使得政策制定更加贴近实际教学需求，确保了政策与实践之间的有效互动和协调发展。

田野笔记的运用为研究者提供了宝贵的第一手案例和数据资源。教师在手记中的记录和反思，成为教育研究不可或缺的素材，使得研究者能够更加深入地洞察教育实践中的复杂现象和多样情况。同时，田野笔记的撰写和分享过程，不仅促进了教师之间的专业交流和知识共享，而且通过同行评议和反馈，加速了教师专业技能的提升和教学方法的创新。这种专业成长的循环，最终将反馈到教学实践中，提升教学质量，实现教育目标的最优化。

五、未来研究展望

田野笔记作为一种重要的质性研究工具，在教育领域的应用前景广阔，以下是对前述内容的进一步丰富和充实。

1. 教育技术的融合与创新

教育技术的融合为田野笔记的记录和分析提供了新的维度。例如，通过使用智能穿戴设备，教师可以实时监测学生的生理指标，如心率和皮肤电反应，以此来评估学生的情绪状态和参与度。结合AI分析工具，教师可以从田野笔记中提取模式和趋势，为学生提供个性化的学习建议。此外，利用虚拟现实（VR）技术和增强现实（AR）技术，教师可以模拟教学场景，让学生在沉浸式环境中学习，同时记录和分析学生的行为与反应，以优化教学设计。

2. 跨学科学习的深化

跨学科学习要求学生能够在不同学科之间建立联系，运用综合知识解决问题。田野笔记可以帮助教师记录学生在跨学科项目中的互动和协作过程，分析学生的创新思维和问题解决能力。例如，在STEAM教育项目中，教师可以记录学生如何将科学原理应用于技术制作，评估学生的综合运用能力，并根据观察结果调整教学策略，以促进学生在多个学科领域的成长。

3. 国际教育比较研究的拓展

在国际教育比较研究中，田野笔记提供了一种深入了解不同文化背景下教育实践的方法。通过比较不同国家和地区的田野笔记，研究者可以识别教育实践中的共性和差异，为国际教育合作和改革提供依据。例如，研究者可以分析不同国家学生在小组讨论中的行为模式，探讨文化差异如何影响学习过程和教育效果。

4. 教育公平的推进

田野笔记是推动教育公平的重要工具。通过记录不同社会经济背景学生在课堂上的表现和机会，教师可以发现并解决潜在的偏见和不公平问题。例如，教师可以观察并记录学生参与课堂讨论的情况，确保所有学生都有平等的机会表达自己的观点，从而促进包容性教育的实施。

5. 教育政策的精准制定

田野笔记为教育政策的精准制定提供了实证基础。政策制定者可以通过分析大量的田野笔记数据，了解教育政策在一线教学中的实际效果，从而制定更加符合教育实际需要的政策。例如，通过田野笔记发现学生在小组合作学习中存在的问题，政策制定者可以推出相关培训项目，提升教师的合作教学能力。

6. 未来教育的预测与适应

在教育变革的背景下，田野笔记可以帮助教育工作者预测未来的教育趋势。通过长期的观察和记录，教师可以发现学生学习行为的变化趋势，如对技术工具的依赖程度、学习动机的变化等，从而提前准备和适应教育变革。例如，教师可以通过田野笔记分析学生对在线学习平台的接受度和使用情况，为未来教育技术的发展提供指导。

后 记

校对完这本书后，我深刻体会到教育之路的漫长与挑战。正如美国教育心理学家约翰·杜威所言："教育不是为生活做准备，而是生活的本身。"本书不仅是对教育理论与实践相结合的探索，也是我们与三年级孩子们共同成长、相互启发的珍贵历程。

在上篇中，我参考人类学田野笔记的写法，以"新鲜老师"的身份，带领孩子们开启了一段探索与发现的旅程。我深信，教育的核心在于激发学生的好奇心和探索欲，正如荷兰教育家约翰·阿莫斯·夸美纽斯所指出的："教师的职责在于引导学生，而非填鸭式地灌输知识。"通过设计各种主题活动，我们见证了孩子们如何从对新事物的好奇中学习成长，他们的观察力、想象力和创造力得到了显著提升。

在田野笔记中，我体会到每个孩子都是独一无二的个体，他们对新事物的反应和适应方式各不相同。在教学过程中，我学会了倾听他们的声音，尊重他们的个性，同时也认识到作为教育者在引导学生时的局限性和成长空间。

下篇是谢立清书记以研究者的身份深入探索教育实践中的观察与记录策略，这些策略对于理解学生需求、调整教学方法、促进学生全面发展至关重要。这印证了瑞士心理学家让·皮亚杰的观点：

"智慧的根源在于儿童对未知世界的探索。"通过长期的观察和记录，教师能够更准确地把握学生的个性特点，从而提供个性化的教学支持。

在研究中，我们认识到观察不仅是教师的基本技能，更是一种艺术。它要求教师具备敏锐的洞察力和深刻的同理心，能够从学生的行为和表情中捕捉到他们的内心世界。同时，记录是一种反思和沟通的工具，它帮助我们整理思路，与学生和家长进行更有效的对话。

本书为两人合作撰写，其中骆亚军撰写字数达到9.2万字，谢立清撰写字数达到9.3万字。在撰写过程中，我们两人相互支持与合作，共同探索与研究，彼此共进。此外，我的岭南师范学院实习生周璇、广州第二师范学实习生招翠莹参与了撰写的相关整理工作。

在此，我要感谢所有支持和协助我们完成这项工作的人。首先，要感谢三年级的学生们，是他们的成长和变化给了我无限的灵感与动力。他们对新知识的渴望、对未知世界的好奇以及在挑战面前展现的勇气，是我们不断前进的动力。其次，要感谢同事们的无私分享和宝贵建议，特别是我所在的三年级备课组的同事们，他们的实践经验对本研究的深入至关重要。他们的智慧和经验，如同灯塔，照亮了我研究的道路。

此外，还要感谢家人的理解和支持，他们的鼓励是我坚持下去的力量。在遇到挑战和困难时，家人的耐心倾听和鼓励的话语，总能让我重新找到方向。我们还要感谢所有参与和支持这项研究的家长、网友，他们的合作和反馈，为教育实践提供了宝贵的第一手资料。

最后，希望这本专著能够为教育工作者提供一些实用的策略和深刻的洞见，帮助他们在教育实践中更好地观察、记录和引导学生的成长。

我坚信，通过教育同人共同的努力，一定能够培养出具有创新精神和批判性思维的下一代。让我们一起携手，为孩子们的未来播种希望，为教育事业的发展贡献力量。

骆亚军

2024年2月